U0141973

文學叢刊

陳新雄著

古虞文集

文史哲出版社印行

國家圖書館出版品預行編目資料

古虔文集 / 陳新雄著 -- 初版 -- 臺北市 :文史哲, 民 89

面 ； 公分（文學叢刊；109）.

ISBN 957-549-295-1 (平裝)

1.題跋

011.6 89009336

文學叢刊 ⑩⑨

古虔文集

著　　者：陳　新　雄
出 版 者：文　史　哲　出　版　社
登記證字號：行政院新聞局版臺業字五三三七號
發 行 人：彭　正　雄
發 行 所：文　史　哲　出　版　社
印 刷 者：文　史　哲　出　版　社
臺北市羅斯福路一段七十二巷四號
郵政劃撥帳號：一六一八〇一七五
電話 886-2-23511028・傳眞 886-2-23965656

實價新臺幣四六〇元

中華民國八十九年七月初版

ISBN 957-549-295-1

古虔文集

潘重規署

作者六十五歲近影

IN HONOREM PRINCIPIS APOST PAVLVS V BVRGHESIVS ROMANVS PONT MAX AN MDCXII PONT VII

梵諦岡聖彼德教堂

古虔文集序

黃錦鋐

文章之道，本於自然，聖人觀乎天文，以察時變，觀乎人文，以化成天下，文理因此而立，文義由之而生。然文隨時變，理亦趨繁。漢代之文，句法貴簡，以二字成一語，東漢之文，句法漸長，以四字成一語，形容事物，不爽銖錙。魏晉之際，踵事增華，變本加厲，以兩語成一意，句法之外，兼求聲韻之美，咸談四聲，爭吐病犯，音聲迭代，鏗鏘有聲。文章之變，至此極矣。及唐韓文公出，乃一改舊習，師法三代，陳言務去，非三代兩漢之書不敢觀，非聖人之志不敢存，文體爲之一變，號稱古文，延及明清，師弟相傳，奉爲圭臬。

吾友陳伯元教授，博通古今，精於聲韻訓詁之學，而以六經諸家之文，印證古今文家用韻之演變，因之發之於文，詞正而理備。蓋文章之本，導源於六經，而為文之道，又氣為之主，然聲為氣之基，氣為聲之表，聲韻不諧，則氣無由見，聲與氣實相表裡。蓋天下最足以動人者，聲也。昔荊軻歌變徵之聲，士為泣下。伯元教授深諳六經之文，又與聲韻相結合，故發之於文，皆能主之以理，張之以氣，束之於法，感人至深。人見其為文之善，罕知其得之於聲韻之美，見其文理之正，罕知其得諸訓詁規律之法。伯元教授著述甚多，有目共睹，烏庸贊一辭，余深喜其文章，行其胸臆，而合古法。其《古虔文集》今將刊行於世，實為古文之大幸事也，於是乎書。

庚辰端午節于台北市郊晚學齋

古虔文集 自序

民國七十九年十一月十二日先君棄養，整理遺物，得墨一碇，完好如新。當時心有所感，嘗賦〈先君遺墨一丸〉詩云：

非人磨墨墨磨人。不見當年購墨身。手執烏金盤裡轉，心懷老父夢中親。趨庭受教情猶昨，陟岵增悲性豈泯。夜話喁喁思往日，床空月冷倍酸辛。

吾友羅尚〈伯元見示詠其尊公所遺墨丸詩次韻奉和〉云：

道山歸去老成人。文範先生有後身。遺愛墨丸堪至寶，孝思風木感嚴親。六書治學求根本，百世傳燈不滅泯。餘事藝林稱好手，詩詞豪放似蘇辛。

余竊自思，既爲先君遺物，不可浪用，必須於事於人，富有意義，且具紀念價值，方可使用。民國四十八年九月，先師林先生景伊薦至東吳大學中文系擔任聲韻學講席以來，執教上庠，已逾四十年，所寫文言之章什，逾數十篇，欲加搜集，以免遺佚。敝帚自珍，正可用先君遺墨，眞楷抄寫，匯集成冊，永留紀念。六、七年來，已鈔錄數十篇矣，然動手書寫，精神易倦，時時錯書；文章積久，先後時間，亦難確定，或後作而書前，或置後實先成，移動次序，亦非易事。民國八十六年，余更換電腦，微軟視窗，文書軟體，字形優美，而更改錯誤，電腦所長，移易次序，亦輕而易舉。因乃將鈔寫篇什，一一另行輸入電腦，予以儲存。近數年來，門下諸生，羽翼漸豐，成就日顯，著作相繼問世，而多問序於余，是以積稿尤夥。

自爲幼童，先君即授以蒙學書，如《增廣賢文》、《幼學故事》之類，唔唔咿啞，朗朗上口，雖未必能撰寫文言篇章，而確有助其根基。影響余最爲鉅大者，厥爲負笈師大，景伊師授余大一國文之後。民國四十五年二月，系主任潘師石禪將有南洋之役，乃延聘名儒，來系授課，景伊師斯時初蒞師大，石禪師乃將大一國文，一分爲二，一爲本地考生班，一爲海外僑生班，余本應編入本地考生班，石師爲讓余能親從景伊師學，遂將余編入僑生班，由景伊師授課，先生每授一文，即令熟誦，余亦依師指示，一一背誦。師見余善於背誦，乃令每週日上午赴府誦《文選》一篇，如斯二年，積累數十篇，自三十七卷孔融〈薦禰衡表〉起，至五十三卷李康〈運命論〉止，其名篇菁華，略能成誦，先師至爲欣慰。四十七年夏，高明師受教育部聘，主編《中華文彙》，《兩漢三國文彙》部分，由先師主編，師乃令余協助初閱文稿，酌分段落，點定句讀。余既承師長青眼，自當格外謹慎，遇有句讀不明，持以問師，師初解說甚詳，次數既多，亦不勝其煩，因相告曰：「文章之來，莫急於斷句，先朗誦五遍，然後斷句，斷句之後，再朗誦五遍，若能如此，則句讀不明者，後自明矣。」余遵師囑，《兩漢三國文彙》二千餘篇文章，每篇皆吟誦十遍，雖不能背誦，但於余作文，實有助益，自此以後，余之文言，較之前作，煥若兩人。師見余文漸有進益，言辭亦多勉勵，且時令代筆，則所以督勉力行，以增加余之習作機會也。

自爾以來，凡有習作，必持以請益，師亦口宣手畫，盡量講授，並謂漢魏之文，乃文中精華，所宜熟誦，其文駢散並行，體氣自然。駢則辭意緊湊，散則文氣安舒，緊湊與安舒，可使文章自我調整，得其從容自得之美。平素專情小學，暇可諷誦選文，以資調節。若記日誌，亦宜改用文言，久成慣習，自如素識，如此成習，文章自益，歲月漸久，自若老樹盤根，森森鬱鬱，希鍥而不舍，持之以恆，他日之成，自可必也。先師此言，音猶在耳，而逝世至今，已十有七年，謦咳漸沈，此集之出，難求點定，思之潸然，臨文之際，竟不知涕泗之何從也。

自民國五十一年碩士論文〈春秋異文考自序〉起，以迄今歲〈反訓研究序〉止，凡輯文七十九篇，總爲一集。余出生於贛州市鬱孤臺畔，乃江西贛縣人氏，贛縣古屬虔州，因自號「古虔老人」，故其文集，顏曰《古虔文集》。昔鍾儀幽而楚奏，莊舄顯而越吟。人情同於懷土，豈窮達而異心。余離鄉之歲，年方十四，今歲退休，屆齡六五。五十載鄉情，亦時以縈懷，無可宣洩，故借文集以寄情云耳。輯文既成，石禪師惠賜題簽，天成師寵錫序文，益令本集，倍添光彩。師長深情，銘感曷已，錄之於序，所以永示不忘也。

中華民國八十九年五月十八日歲次庚辰初夏四月十五日

陳新雄謹序於臺北市和平東路二段鍥不舍齋

古虔文集　目錄

春秋異文考序

蓋聞微言絕於仲尼之沒，大義乖於七十子之喪，厥後，七十子之門徒散在諸國，各騁師說，於是春秋分而爲五。重以秦火之後，老師碩儒，遞相祖述，西京右文，軼書稍出，文景之世，多立學官，鄒夾二氏，口說無文，師既不傳，道亦尋廢。迨左氏古文既出，劉子駿爲之鼓吹，遂與公穀爲三矣。

三傳今雖併行，然各引經文，與傳錯載，既今古字異，篆隸體殊；而齊魯音歧，授受有別。雖同一典籍，而字頗有舛駁，或《左氏》與《公羊》相符，而《穀梁》獨載異字；或《公羊》與《穀梁》契合，而《左氏》猶著古文；或《穀梁》與左氏同名，而《公羊》又出齊言。又或形近致訛，帝虎難免；亦有簡策錯落，先後乖紀。至若聽聞失實，周璞、鄭鼠難分；衍敓錯出，郭公、夏五不辭。若斯之類，設無徵引，欲求聖指，冀其不悖，豈可得哉！

先儒有鑒乎此，於是元朗《釋文》，首標異文之目；時叔著書，踵成辨疑之制，然自唐至明，時更八代，歲幾千祀，而學者或競足於辭章之苑，或託身於玄理之圃，於漢師義法，多有未晤，致音韻不講，訓詁不名，徒託空言，無關宏旨，繁文縟辭，良堪歎惋。

洎乎明社既屋，淸初諸大師感亡國之痛，懲空疏之弊，思有以徵實之學，而求經世之用，然迫於時忌，終不能求致實用於當世，因轉而董理古籍，期能垂斯文於後世。影響所及，樸學大熾，於是音韻訓詁之學，淩轢兩漢，三傳異文之作，亦盛于往昔。《欽定傳說彙纂》首開厥風，西河毛氏奇齡《刊誤》於後。然《彙纂》標異，符同《釋文》，雖有異文之籤，罕有辨正之實；至於毛氏之書，雖曰《刊誤》，空言穿鑿，每多武斷。其後洪稚存撰《春秋左傳詁》，臧伯辰著《春秋左氏義》，凡春秋經文，三家互異者，悉爲標出。而洪氏精於地理，臧氏明於曆算，因而重彼輕此，詳甲略入，雖各有長義，猶未爲兩得也。仁和趙坦《異文箋》較爲晚出，於字音字義，逐條箋正，固有可取，而古韻分部，猶未精密，其所徵引，詳略失當，並世諸說，既多未採，地理沿革，尤疏考訂，雖仰屋之勤，不爲無功，然未能臻至善之境，亦遺憾也。

丙申之秋，余從林師景伊習文字聲韻之學，六年以來，於文字通假之道，略窺其腮理，既而從程師旨雲習春秋三傳，於春秋經義與地理沿革，漸有所得，去夏承二師之命，爲《春秋異文考》。面授義例，告以大旨，退而披尋簡編，紬繹異文，旁搜遠紹，詳加徵引，於聲韻之通轉，字形之訛誤，傳寫之衍敓，地理之沿革，曆算之是非，莫不逐字考定，以求其安，閱時一載，撰成斯編，非敢自謂精當，聊補先哲之闕漏云耳。至於其所不知，則仍從蓋闕之義，尙祈博雅君子，有以教我。

文則論引言

我國立基寰宇，祀逾五千，敷采陳辭，雕言鏤藻，文章之富，世無其匹，文辭之美，亦莫與京。詞人墨客，名溢縹囊，錦字珠篇，卷盈緗帙。論文之書，原自《典論》；舍人《文心》，又其專著。自茲厥後，論文之著，代有其人，或品評全篇，或偶舉隻義，或陳例以發凡，或類舉以見義。而摘錄纂比之著，標識評點之冊，尤屬紛披，立難遽數，要皆各陳善義，競聲辭苑，惟俱散見，莫有專集，海隅局塞，翻檢為難。且世多謂文成法立，作文之法，可由心會，難以言傳，又或謂文本天成，妙手偶得，神而明之，存乎其人。此皆知其當然，昧其所以，矜其所得，罕識本源，設若循其所說，終亦徒滋虛玄而已。余從高師仲華治《文心雕龍》與文學理論，於文章法則，略聞端緒，謹申舊聞，粗挈綱維，以爲仲華師六十稱壽，師其亦有樂見於此者歟！

《文心》有言：「積學以儲寶，酌理以富才。」是以文章之基，肇端學識，學豐才富，定墨運斤，自臻其妙。又文章之成，階於文字，我國文字，音義與形，名雖有三，合之則一，形爲方體，音皆獨立，義見於音，音附於形，原形以知音，尋音以得義，此識字之方也，亦用字之法也。夫文之成也，名之爲篇，篇之定也，累積於章，章之合也，構成於句，句之造也，集基於字。故積字爲句，疊句爲章，累章成篇，篇有篇法，章有章法，句有句法，字有字法，篇章句字，法有成規，循規以摹，法可立得。執法以司文，雖未必其即中，而伐柯之則，亦不遠矣。不以規矩，不能成方圓，不以六律，不能正五音，此四法者，其爲文之規矩六律者乎！

代林尹師撰《國立臺灣師範大學國文研究所集刊・第十三號弁言》

昔戴東原、姚姬傳諸氏言學問之途有三：曰義理、曰考據、曰詞章。本所創立之初，即諄諄昭告諸生：治學之道，宜識本原，培根柢，求博雅，務通貫，貴專精，尙篤實，重創獲，去成見。蓋必如是，義理始不流於虛玄，而有濟治平之實；考據乃不陷於支離，而能識學問之本；詞章亦不徒靡於翰藻，而足爲載道之用。歲月奄忽，本所創立迄今已十有三載矣。肄業諸生，皆能善體斯旨，密勿於學，前後各期，皆有所成。其得卒業者，已百有餘人。

本所出其研究生論文，發行集刊，就正於世者，前後已十有二期。蒙海內外賢達之愛護，或函需索，或函稱譽。本所受此鼓勵，故益求改進而加多篇幅。然以研究生人數，年有增加，其所撰論文，仍未能悉數刊印。遺珠之憾，本所深感歉疚；亦事非得已也。

本期所集論文，計有徐生芹庭之《易來氏學》，劉生兆祐之《晁公武及其郡齋讀書志》，簡生明勇之《律詩研究》，蔡生茂雄之《六一詞校注》，陳生安娜之《馬致遠研究》等五篇。徐生之作，偏於義理；劉生之著，重在考據；簡生、蔡生、陳生諸作有關詞章。皆好古敏求，得其所專，發爲文章，亦成體系。所以然者，諸生之勤謹，固有以致之！而諸教授指導之功，尤不可沒。

本期各篇論文，徐生之作，初由廖華蓀教授指導，廖君棄世後，改由程旨雲教授督導完成；劉生之作，由屈翼鵬教授指導；簡生之作，由李漁叔教授指導；蔡陳二生之作，均盧聲伯教授所指導。謹附誌以謝。

音略證補自序

自顧炎武揭櫫「讀九經必自考文始，考文自知音始」之言以來，影響所及，有清三百年，治聲韻之學者輩出，而蘄春黃君季剛侃集其大成，黃君音學要旨，又簡括於《音略》一篇，顧其書蘊義雖豐，而詞言則簡，故初學之士，多不易明，本師瑞安林先生景伊（尹）親炙黃君左右，十有餘年，最得心傳，比歲以來，主講於師範大學、政治大學、文化學院三校中文研究所。先生舌本粲華，情瀾弗歇；更兼誨人不倦，善誘循循，是以剖析疑滯，簡要清通，從學多士，皆隨資有成。

余弱歲奉敎，蒙師不棄，因得飫聞勝義，識其條緒，爾來十有四年矣。今歲己酉國曆十二月十三日，即夏正十一月初五日，爲師六秩華誕，同門諸君，僉議印行文集，以資慶祝，余久荷栽成，沾漑最深，師恩浩蕩，感念無窮。竊惟黃君音學博大精深，不入其門，無以窺宗廟之美，百官之富，惟師而能傳之，而發揚光大之，誠所謂承先啓後，理舊揚芬者矣。用乃不揣檮昧，記載師說，旁考諸家，擷其菁華，而求易解。彙聚一編，爲師稱壽，以黃君《音略》爲本，證其所未詳，補其所未備，因名之曰《音略證補》云爾。大雅君子，幸垂敎焉。

中華民國五十八年歲次己酉八月十五日陳新雄序於華岡

古音學發微自序

余甫弱冠，負笈師大，適本師瑞安林先生景伊（尹）亦來宣鐸，主講國文，余從受業，先生因語讀書必先識字，識字必先明音之理，余聞而好之，亟請從學，先生見其志篤意誠，乃欣然贈以《廣韻》一冊，並題識相勉云：「中華民國四十六年歲次丁酉三月廿五日，即夏正二月廿四日，持贈新雄，願新雄其善讀之。」余謹受教，退而循師指示，披尋《廣韻》，逐韻逐字，析其聲韻，勒其部居，初明義例，興趣盎然；習之漸久，艱難時見，而志亦稍怠惰。師每察其情，必諄諄告誡，再三激勵；並爲剖析疑滯，必令盡釋而後已。因能終始其事，未曾中道而廢，及今思之，設非吾師苦心孤詣，誨之不倦，又曷克臻此者乎！如是半載，而於《廣韻》一書，乃粗識腮理。

尋從紹興許先生詩英（世瑛）習聲韻學，因於《廣韻》已略具心得，昔人以爲如讀天書者，而余竟游刃其中，綽有餘裕。由於詩英師之啓導，乃由董同龢氏《中國語音史》進窺瑞典漢學家高本漢《中國音韻學研究》，及其他諸著，而亦津津然，樂此不疲。

戊戌之夏，蒙本師林先生之招，寄寓先生之家，更得日親謦欬，時聞要旨。先生性豪於飲，酒酣耳熱，舌轉粲華，妙義時出。漸漬日久，治學之道，聞之益稔，乃由《廣韻》進稽《說文》，上窮三古遺音，舉凡《詩》韻、諧聲、讀若、音訓諸端，莫不探源究委，逐字翻檢《廣韻》，對勘《說文》，而一一推跡其根源，考究其流變，每每挑燈夜讀，及晨雞數唱，乃了無倦意。如是者歲餘，於音韻之學，雖尚未盡窺奧窔，亦已略識端緒矣。

及入研究所，又從景伊師習《廣韻》研究、古音研究；詩英師習語音學。昔之疑而未明曉者，乃得盡析；散而未聯貫者，亦得溝通。等較蘄春黃君與瑞典高氏之學，雖方法略異，而理實相通。比入博士班，乃發憤探研古音之學，苦海隅扃塞，祕籍難求。適高郵高先生仲華（明）歸自香江，乃盡出其藏書，以應所求，復多蒙誨示，有所啓發，遂於景伊、仲華、詩英三師指導之下，盡六載鑽研，撰成《古音學發微》一文，並蒙教部博士考試委員會口試通過，授予國家文學博士學位，今得嘉新文化基金會補助刊行，印行有日，因述其撰寫緣起如上，斯爲序。書成，復蒙景伊、仲華二師寵錫序文，石禪師遠惠題籤，謹申謝忱。

中華民國六十年歲次辛亥四月十五日，

陳新雄序於國立臺灣師範大學國文研究所

等韻述要自序

等韻者，我國古代之發音學也。其分析字音，條理清析，雖後世學者，若陳蘭甫、黃季剛、高本漢諸君之分析《廣韻》之聲韻類別，不能是過；且每持韻圖之輕重、等列、七音、清濁，以校《廣韻》之聲紐韻類，而《廣韻》之書，乃益爲清析可讀。近世學者之構擬古音，尤多藉韻圖之等列，以上溯古音音值。其調查漢語方言者，亦多基於等韻之韻攝、呼等，而求與方言對應，提取規律。是則等韻實研究漢語語音歷史之重要環節，亦聲韻學中之重要一章也。

顧向來言聲韻學者於等韻部分，或語焉不詳，或根本刪除，欲窺全豹，殊未易得。因不揣檮昧，撰寫斯篇，擇諸家之菁華，筆一得之愚見，分爲緒論、韻鏡、七音略、四聲等子、切韻指掌圖、經史正音切韻指南等六章，末附內外轉之討論，於等韻之內容與要籍，已大略論及，非有高深之研究，只供初學入門之參考耳。

藝文印書館影印古籍，出版新書，加惠士林，口碑至廣，今願爲印行，殊感美意，因略說數語，以充序言。書成後，蒙仲華師惠賜題簽，謹申謝忱。

中華民國六十三年七月三十一日陳新雄序於陽明山

恭讀父親大人回憶錄感言

歲月易逝，避秦來臺，倏已卅載。父親大人亦於前年奉命退休，兩年以來，利用退休餘暇，撰寫回憶錄，將其一生經歷之事，詳細紀錄，以示後世子孫，吾家除祖父業裁縫外，世代業農，族人罕有讀書者；先祖母雖未嘗進學，而通達事理，女界中尠有其儔，尤深體讀書識字之重要，是故當父親初及學齡，即送往就學，自是吾家始有讀書人。父親求學期間，一以無人指導，未能作最佳之選擇；一以祖母年事已高，奉侍乏人。兼以鄉里土劣橫行，欺淩脅迫，靡日而寧。故乃以極短之年限，盡快完成學業，雖在校之日不多，憑父親之天賦與堅毅，卒底於成。余十齡猶及事先祖母，故於往事，尚略能記省。父親在鄉之日，事親至孝，平居則順意承志，以博色笑，方之綵衣娛親，亦不多讓。至若口腹之養，猶其餘事。余家處深山僻壤，離市集遙遠，雙親每隔兩三日，必躬親赴市集採購先祖母所嗜食物。先祖母喜以牛肉佐餐，則進餐時供牛肉，並易其烹調方法，以變更口味，使長食而不厭。先祖母年登耄耋，終其一生，喜食牛肉如初。其他補品，雙親亦供無虛日，是故祖母晚年，極爲歡樂。設或生病，不論遠近，聞信必歸，奉侍湯藥，必親嘗而後進，陪侍左右，每衣不解帶，而面無倦容，故鄉里咸稱孝焉。父親之於子女，愛而不溺，嚴而不苛，讀書上進，聞之必喜，反之不悅。父親待人以誠，性豪愛客，雖處僻壤，每賓客盈門，至若族中子弟，鄉里戚友，逢水旱之災，緩急之需，必周濟之，不令失望，故大陸變色，離鄉之日，隨從護衛之鄉友，竟達百人之多。父親均一一爲之安置，時至今日，已有大學卒業及官拜中少校者多人。彼等對父親均極崇敬，父親處世接物，至爲公正，鄉人之有爭訟者，必詣父親，以求其直，一經裁定，均各悅服。於是一鄉之中，咸稱父親爲先生而不名。

父親於余，期望至深，愛護至切，故余之感受亦最深切，茲擇其犖犖大者數端，以爲讀斯篇者告。余方六齡，忽患怪病，家處僻壤，醫藥爲艱，每夜腹痛如絞，四肢浮腫，臥床匝月，遠近名醫，均皆束手，父親攜與同眠，每夜數起，或餵飼湯藥，或溫言婉慰，或手爲撫摩，甚或抱之室中，往返度步，辛苦勞累，無以復加，此病得治，亦由父親遍閱方書，悉心診療，設非父親之耐心調護，則余早已埋骨黃泉，焉有今日。今余亦已兒女成群，益能體會照料之不易也。三十八年，隨軍來臺，父親以陸軍少校月俸，不及新臺幣百元，維持一家五口生活，已屬艱難，何有餘力，送子女就學，然父親不顧一切困難，毅然使余弟兄等繼續就學，終於完成高等教育，憶當日同時來臺者，官階比父親高，月俸較父親厚，竟令其子女輟學，或爲學徒，或爲報童，比比皆是，今此輩多淪落，設非父親之遠見，則吾弟兄今日之處境，或亦與彼輩同一命運矣。昔韋長孺有言：「遺子黃金滿籯，不如教子一經。」父親明察，用能實踐斯言。復憶求學期間，居處距學校遙遠，往返通學，早起晚歸，母親大人每天未曉，即已起床，準備早餐與飯盒，夜幕低垂，則倚閭以望，歸則飯熟就桌，水熱入盆，飽腹潔身，乃有充分時間準備課業，母親又飼豬餵雞，闢荒種菜，以助學費，父親之遠見，母親之辛勞，兩者缺一，皆難以至今日。鞠育劬勞，教養長成，親恩深厚，寸草春暉，不知何日得報於萬一也。四十二年，父親方自軍中退役，適余患腸炎，由於治療失當，在臺大醫院住院，達三閱月，父親每日必自鶯歌家中，送菜來院，且陪伴良久，始行離去，藉慰寂寥。並經常購買詩詞文選等書，供余閱讀，以排遣愁懷。父親常云：「中國文化源遠流長，中國文學雋美優越，有益世道人心。」余之愛好中國文學，從事中國文學之鑽研，受父親之影響最大。四十四年，余畢業建國高中，獲保送入臺中農學院，余以志趣不合，毅然放棄保送資格。於大專聯考，初亦無絕對之把握，父親嘗語人曰：對余之投考有絕對之信心，聞後乃益爲振奮，卒以第一志願第一名考取師大國文系，私心竊慰。

綜觀父親一生，自祖父去逝，即一門孤寡，處境至爲艱困，幸賴祖母毅然肩負保家育子之責，使父親能完成學業，服務社會，前後服務軍警財稅各界，計歷四十餘年，雖無赫赫功勳，然已竭盡其力，報效國家，卓著賢聲，退休之日，長官同事，熱烈歡送，備極光榮，我在此敬向父親之長官僚友，表示十二萬分之謝忱。更望我兄弟三人，仰體父親一生治家報國之辛勞，恪遵父親平日之訓誨，竭智盡力，報效國家。更應爭相迎養，菽水承歡，使雙親含飴弄孫，安享餘年，盼共勉之。

中華民國六十五年十二月廿五日男新雄恭述

周禮賦稅考序

《周禮》者，周公致太平之跡也。雖以書成歸豐，未嘗施行，然體大思精，足垂百王。及秦行酷政，道與周悖，故嚴禁挾書，搜求禁絕，燬滅焚燒，不遺餘力。周公舊典乃隱藏百年，然後出于巖壁，藏於秘府，而儒者莫見。逮劉氏父子校書秘閣，始爲著錄，而諸儒排詆，以爲非是，是以研習者少，大義莫傳，劉歆弟子杜子春始能略識其字，其後中大夫鄭興、大司農鄭衆，漸以《周禮解詁》著，大司農鄭康成囊括衆典，網羅諸家，而爲《周禮·注》，雖亦主於正字，而其書體例始稍稍可知，唐賈公彥之作疏，雖成定本，然殊少發揮，未得肯綮，故《周禮》一書，譬之寶藏，尚未盡發也。

東原戴氏言學問之途有三：曰義理、曰辭章、曰考據。並謂義理乃辭章、考據之源，實則義理、辭章未有不由考據以得者，自古聖賢，凡所制作，皆精審物理，得其情實，綜其終始，暢其綱目。故能興利防弊，奠安萬世，雖有姦暴，不敢自外。故〈中庸〉曰：「君子之道，本諸身，徵諸庶民，考諸三王而不謬，建諸天地而不悖，質諸鬼神而無疑，百世以俟聖人而不惑。」曰徵曰考，此非考據之極致乎！

自民國以來，學者治經，每謂古爲今用，而能力行之者蓋寡，此無它，從事義理者，每鄙薄考據之支離，究心考據者，又譏諷義理之游談，針鋒相抵，勢同水火，殊可歎也。吾友瑞安林君耀曾則異乎斯，君承名父名師之學，精研義理而不薄考據，故其治經，凡詁訓、聲音、名物、制度，莫不究乎其實，蓋由考據以通乎經之微言大義者也。既得其精微，而考據益明，辭章益盛。其所撰《周禮賦稅考》，則本乎考據而探究其大義者也。故用之則能規切時弊，爲今執政之借鑑，舍亦足垂世立教，供後世之參稽也。

余弱冠從瑞安師受業，及門之日，得訂交於耀曾，爾來二十有二年矣。雖誼屬同門，而情逾手足，實以好尙相同，故能氣求聲應。昔讀荀卿書，其〈修身〉篇曰：「其爲人也多暇日者，其出人也不遠矣。」予每執此以觀當世聰明才力之士，凡有所成者，皆勤而不暇者也。猶憶十數年前，耀曾初執教於上庠，任課之先，翻讀典籍，自先秦以迄近世，几桌盈帙，咿唔諷誦，每至夜分，凡百教材，莫不熟記胸臆，故其授課，向不攜書，而舌綻粲華，情瀾不歇，分析條理，尤爲謹密，至今諸生猶稱之。爾乃大學交聘，聲華益著，名益日隆，治學益嚴，其謹守如一日。今其居家，仍沈潛典籍，吟哦不絕，揮手作書，每至酸痠，此眞所謂居無暇日者矣。二十年來，余沉潛於音學之探研，所究者窄，所見者小，視耀曾之兼擅衆美者，相去有間矣。余非敢以敘耀曾之書，聊以所知於耀曾之治學者，爲讀者諸君告耳。斯爲序。

中華民國六十六年十月十八日

陳新雄序於臺北市和平東路鍥不舍齋

國立臺灣師範大學國文系四八級畢業同學祭亡友許君慈多文

維中華民國六十七年七月三十一日，國立臺灣師範大學國文系四八級全體畢業同學，謹以香花鮮果清酌庶饈之奠，致祭於亡友許君慈多之靈前，而祭之以文曰：

嗚呼慈多，同窗四載，共此弦歌。衆人識君，性氣平和。忠信而文，談詞若河。修己持身，守正不阿。煙酒不沾，非禮莫眡。僉曰賢士，邦之棟柯。力學無已，聲譽日峨。陽明之巔，華岡之坡。道德為膏，勤於研磨。窮經究史，百家網羅。藝學之盛，浩如春波。葉君霞翟，識君尤多。擢之衆庶，委以殊科。君亦戮力，凡百諧龢。蜚聲教界，耿介靡佗。同喜高潔，似玉鮮瑳。如何不淑，忽染沈痾。斯人斯疾，天道偏頗。聞子之逝，初謂傳訛。噩耗既實，淚已婆娑。寡妻弱息，生計誰馱。思之愴然，涕泗滂沱。千言萬語，曷已坎軻。幽明世隔，尙復云何。魂其有靈，來饗來饜。嗚呼哀哉！尙饗。

國立臺灣師範大學婁故副教授良樂先生事略

君諱良樂，字志天，世家安徽合肥。考道容公，妣黃氏，民國十三年三月十八日生於故里，甫三齡，而生母沒，君純孝之德，本乎天性，號痛啼泣，哀感行路，孺慕摧腸，幾頻夭折。以是幼多疾病，身體孱弱。道容公爲之許願，度化爲僧，欲託庇佛力，以驅魔障。十歲還俗入塾，從塾師授三字經、千字文、幼學故事、古文觀止以及四書、五經，皆略能成誦。三十年，逕升入立煌縣天柱中學，就讀期間，成績優異，國文一科，尤冠倫輩。三十四年，高中卒業，值抗戰方熾，毅然投筆，入第十戰區政治大隊，任中尉隊員。不二月，抗戰勝利，奉命赴蚌埠受降。三十五年二月，戰區撤消，編入夏威兵團一七二師山砲營任中尉幹事，隨軍剿匪，歷與泗水、兩淮、臨沂諸戰役，與匪酋陳毅部數十萬衆激戰慘烈。其年四月，前線要隘衆與集告急，君奉令自蘇北隨營指導員王君惠仁率士卒十二人，監督民伕數百，輸運糧彈，疾趨濟危，途經陷區，外迫強敵，民有遁心，險阻艱難，實難言喩，而君與王員，卒不辱命，前線戰局，遂告紓解。徐蚌戰後，轉隸空軍，任職上海補給總庫，幹事如故。三十八年戰局逆轉，隨軍渡臺。君歷經戰役，三餐不繼，棲風宿露，流離顚沛，不遑寧居，積弱之軀，遂攖肺疾。因遵醫囑，入院就養，迨康復後，奉命退役。

君學殖素豐，志復銳進，乃於四十五年參加大專聯考，取入師範大學敎育系，四載以還，除主修系科外，又選讀於國文學系，遍歷田伯蒼、林景伊、高仲華、孔達生、程旨雲、李漁叔、成楚望、魯實先諸大師之門，而文益勝，學益固。所爲詩文，諸大師皆交稱於衆，以爲出類拔萃之作也。君益不稍懈，於瑞芳高職實習期間，應高等考試及格。五十一年復考取師範大學國文研究所爲碩士研究生，五十四年以惠施研究一文而獲碩士學位，系主任大冶程公優聘君爲系講師，主講哲學、駢文，從業諸生，咸熙陶育。五十五年復以成績優異，受選拔入國文研究所博士班深造，君痛今俗情澆薄，廉恥道喪，四維圮絕，國脈如縷。乃思欲以管子之道以營國計而正世俗。盡六載鑽研，遂以《管子評議》一文榮獲教育部授以國家文學博士學位。旋受聘爲國立臺灣師範大學國文系副教授，主授國文、四書、管子。君凡授課，課前準備，務求充實，每至夜分，未暇寢息，批改作業，尤爲精細，隻字不穩，必爲斟酌，一畫有訛，定予削正，十年以來，恆持不改。君以受俸國家，課人子弟，必求無愧於心，以是積勞多疾，初則病眼，歷經手術而視力減退，繼復病心，始以無慮，仍授課不輟，今歲七月，時當盛暑，批閱期末考卷逋告竣事，又應聘爲聯考閱卷，因導致心疾復發，初則心悶氣喘，步履蹩躪，而君雅不願勞人，獨赴公保門診，心電檢查，雖無異象，宕延下旬，心肌劇痛，急診於三軍總醫院，醫疑心肌阻塞，苦無病房，未獲即時妥治，耽誤時效。迨轉入宏恩醫院，雖住加護病房，已一夜劇痛數作，痛於八月三日晨六時五十分終以心肌梗塞，群醫束手，溘然長逝，享壽五十八歲。嗚呼哀哉！噩耗傳來，家人痛哭，諸生仰泣，師長傷悼，戚友漣洳，凡所相識，莫不惋歎，昊天何忍，奪此善人耶！

君之於文，成於積學，駢文法晉宋，古文宗韓愈，古詩從選體入手，尤擅五言，近體初學唐，後出入於宋，前後篇章，積數百篇，多未刊行。君之治學，從不少休，課餘之暇，述著不輟。除已刊行之《惠施研究》及《管子評議》等專著外，其他學術論文，計有〈周官考述〉、〈章氏方志學管窺〉、〈莊子明道過程之剖視〉、〈夫子之道忠恕而已矣〉、〈管子評傳〉等數十篇，凡數十萬言，分載於師大《國文學報》、《中山學術文化月刊》、《中華文化復興月刊》等刊物，凡所論述，皆文辭典雅，條貫秩然，析論精微，理有依據，持以升等教授，固無遜色，而君謙讓，欲更捃述精切，另擬專著，方饜於心。故十餘年以來，久居副教授而心無不慊，視彼不學無術，終日營營於攘權奪利者，豈可相提並論哉！自就讀碩士班以來，其學識才華已備受各界重視，先後受聘為中國文化大學《中文大辭典》、《大學字典》、三民書局《大辭典》爲編纂，除《大辭典》尚未完成外，若《中文大辭典》等皆風行海內外，爲知識界之寶庫，君與有力焉。君之於事，量力而為，不能則止，循規蹈矩，一絲不苟，凡力所不及，必堅持勿與，法所不許，不覷隙鑽營。君之與編《大辭典》，主事者望能日竣資料一盒，他人聞者，惟盡心力而已，君以目疾視眊，初則倍增其時，繼則堅持去職，雖經主事者力挽，君亦深感盛情，而終推辭者，君以雖倍加努力，猶難達成，惟恐己之戀棧而僨人之事也。君之宿舍，分配頂樓，原與心疾不利，而君以依法受配，毫無慊意。人或勸君於頂樓增建居室，君以法所不許，無動於衷，反集巨資，以闢建屋頂花園，以響應市府號召。去歲，教育部令夜間部改制，課多刪削，君所任課，亦在刪列，他人闇闇，君以系循規處理，心中泰然。他人來言，反爲主事者開脫，勸人諒解。君與汪中教授等十餘人共組停雲詩社，每月一會，命題賦詩，迄今一載有餘，君每會必與，未缺一課，蓋君以爲既已參與，凡有規定，自宜循規行事，而未敢絲毫怠忽之也，此事雖小，足以見大。

君之待人，秉其家風，冲退爲懷，休休有容，與人無較，人之有善，必揚於衆，樂道人長，不言人短，從遊師長，不論所得，多年以來，未聞非議，利之所在，先人後己，與友共餐，爭先付款，數十年如一日，謙讓之忱，出自肺腑，《論語》曰：「溫良恭儉讓。」君殆庶幾焉。雖然若聞與國家政策、民族前途相左者，君必挺身而出，反復爭辯，且務辯之心折而後已。若見不利於國家民族之行爲，則激憤之情，立形於色，其擇善固執，愛國情操，類皆若此。君事親盡孝，蓋出天性，雖隻身來臺，退役之後，依君先叔定禮公居，事之如父，凡受訓示，必垂手恭立，與堂弟處，一如手足，家門之內，融洽和諧，今世罕見。定禮公仙逝，君哀戚逾恆，哭至目腫，節日忌辰，所居雖遠，必上香致祭。君德配夫人林梅蘭女士，苗栗望族，於民國六十一年九月二十六日與君結褵。今任教南港成德國小，育女子子二，長彥琳，就讀國小二年級，次彥瑜，甫入學。君與梅蘭舉案齊眉，相敬如賓，於其兩女，慈祥呴育，無微不至。今君遽喪，則如何撫養其遺雛，教育之成人，固吾等後死者之任也。

中華民國七十年八月七日同學弟陳新雄謹述

國立臺灣師範大學國文研究所畢業同學祭婁故校友良樂文

維中華民國七十年八月七日，國立臺灣師範大學國文研究所全體師生謹以香花鮮果清酌素饈之奠，致祭於婁故校友良樂之靈曰：

嗚呼哀哉！良樂良樂。才何奇卓。四書五經，咸知大略。內積既豐，文辭外爍。駢散詩賦，莫不彰著。壯而從軍，與敵相搏。奮首攘臂，大氣磅薄。揭來臺灣，復篤於學。三十年來，崢嶸頭角。君之立世，相與無惡。抑己從人，與人無較。清範懿行，甘於澹泊。凡世所爭，己則退卻。謂當乘除，畀壽仞嶽。云何不淑，二豎肆虐。天奪善人，召何飆霍。噩耗驚傳，莫不震愕。如聞霹靂，六神無託。妻兒號啕，哭之氣索。師長神傷，諸生淚落。君之戚友，哀聲咸作。嗚呼良樂，生又何短，去又何速。嫠婦孤雛，今後何屬。自子之逝，知己煢獨。對酒談詩，情永難續。往事歷歷，百身莫贖。哀君永逝，淚零樸樕。魂兮有靈，來聞此曲。嗚呼哀哉！尙饗。

反切探原與門法研究序

民國五十五年歲次丙午，余初受聘於師大國文系，任敎於國文專修科，授國學概論暨大一國文，開課伊始，系主任大治程公，諄諄告誡，謂專修科學生皆退除役官佐，卒多年逾旣立，夙著功勳於國家，今復勤劬於治學，非同一般青年，允宜夤恪敬愼。故每蒞講壇，心同履薄，未敢或懈。蕭生少民從余受國學概論，余課以餘杭章氏《國學略說》，生聞而好之，旣篤深沈之思，勤於叩響，而於聲韻之道，尤所究心，執經問難，樂此不疲；余亦口宣指畫，悉盡從容。少民每得其法，則伏首案頭，逐字對勘，殆無間日，於斯二載，已粗識音學之津途矣。

卒業後，少民受聘於省立北港高級中學，授課之暇，治學不輟，每有所見，輒來函相告，書信往返，賡續十載，少民治學益勤，所獲益多，非僅能論斷昔賢之功過是非，而於並世學者之利弊得失，尤能縷析指陳。至於余之著述，自《古音學發微》以下，究心研治，蓋無曠日，於其中義蘊，摘發無遺。且能進稽經籍、檢韻書、勘韻圖、校文字而稍加匡正。其抄錄之資料，考校之文字，繪製之圖表，編訂之索引，殆已盈筐累篋，充架實屜者矣。少民治學之勤，不以年限，實難多覯者矣。

今春少民夤夜北上，晨叩余門，握手就坐，寒暄之際，出其近著《反切探原與門法解說》相示，並乞爲序言。余觀其書，條理密察，有益於用。其於考明古音，籀讀典籍，旁通方言，貫通音切，校正國語諸端，莫不論析入微，明其理致，余既嘉少民之勤於治學，又樂觀斯書之深切於用，欣喜之餘，遂以余所知於少民及斯書者，綴於簡端，以為讀斯書者告，並與世之知音者共證之。斯為序。

上章涒灘之歲病月陳新雄序於臺北鍥不舍齋

聲類新編序

昔陸士衡〈文賦〉曰：「曁音聲之迭代，若五色之相宣。」蓋善為文者，莫不藻思千眠，音響和暢。清辭麗句，所以取悅乎目，含宮咀商，所以取悅乎耳。而所謂音聲者，劉彥和《文心雕龍·聲律篇》云：「異音相從謂之和，同聲相應謂之韻。」不啻陸賦音聲二字之達詁也。原彥和之意，異音即不同之聲類，同聲乃相同之韻部。是則音指聲紐，聲謂韻部也。然劉氏又云：「屬筆易巧，選和至難；綴文難精，而作韻甚易。」選和何以至難，作韻何以甚易，自來論者，多有未達。

嘗試論之曰：先秦古音，諧聲字之音韻，與聲母（即諧聲字之偏旁）相同，故睹形足以知韻，識字足以明音。迨及兩漢，篆省爲隸，字體淆亂，聲難審知，則先秦之法，已不適用。若字音變遷，任隨其方，則妨礙至巨，故韻書興焉。韻書之作，始於魏李登《聲類》，其書以五聲命字，五聲爲何，今無可考。晉呂靜繼之，而作《韻集》。自茲厥後，韻書蜂出，若夏侯該《韻略》、陽休之《韻略》、周思言《音韻》、李季節《音譜》、杜臺卿《韻略》等，則其尤著者也。隋陸法言與劉臻等八人論古今通塞，南北是非，取諸家韻書，剖析毫釐，捃爲《切韻》五卷，以爲凡有文藻，即須明聲韻者也。呂靜諸人之書，雖不盡與《切韻》同，然其分韻列字之體例，則仍舊貫，今觀王仁昫《刊謬補缺切韻》各卷韻目之注，猶可窺其一斑。既有韻書爲分韻列字，則翻檢韻書，衆字咸出，此所以作韻甚易也。

魏晉南北朝人雖熹言雙聲，然未有爲聲紐作專書者，故欲知何者爲雙聲，何者非雙聲，並無準的，全憑作者之揣度耳。作者又地域不同，言語異聲，甲地爲雙聲者，乙地則非，乙地非雙聲者，丙地復是，無一客觀之標準，故曰選和至難也。

余執教上庠，任聲韻學講席逾二十年，以《廣韻》課諸生，《廣韻》承《切韻》之舊，分韻列字，紐則零散，此種編排，利於熟悉切語上字之聲紐及其清濁發送收；至於切語下字之韻部及其陰陽呼等，雖可令系聯以熟練之，然效果不彰，諸生於切語下字之類別，仍多茫然。因思以《廣韻》音切爲主，另編一書，分紐列字，而韻錯出。既可解劉氏選和之難，又可令諸生熟練切語下字，積之胸臆有年，庚申春，偶與林君慶勳語，君聞而好之，奮臂相助，復以出版事商之學生書局，該局以有益學生，樂觀其成，因與林君分別召集國立臺灣師範大學國文學系及私立中國文化大學中國文學系從業諸生朱兆敏、陳金杓、王秀麗、曾惠美、李金蘭、蘇渝華、武泓甫、胡瑞君、陳秀珠、劉翠華、李文玲、田蕙綸等十餘人，告以體例，分卷編撰，閱兩寒暑，始克竣事，爲便於查索，另附筆畫索引，諸生之中，朱生兆敏、陳生金杓終始其事，精神可嘉。而林君慶勳督導校正之功，尤不可沒，特爲表揚，以爲讀斯編者告，書成，顏之曰《聲類新編》，略取李登聲類之旨，示推陳出新之意耳。景伊師寵錫題簽，敬致謝忱，幸海內賢達不吝賜教，斯爲序。

民國七十一年元月二十一日夏正辛酉冬十二月二十七日

陳新雄伯元甫序於臺北市和平東路二段鍥不舍齋

故國大代表林尹教授事略

國民大會代表、前國立臺灣師範大學國文研究所教授兼所長、現任中國文化大學華岡教授兼中文研究所博士班主任林先生，諱尹字景伊。民前二年夏正十一月初五日，生於浙江省瑞安縣故里。先生出自瑞安學術世家，祖養頤公從同邑大儒陳公介石游，陳公妻以女弟，生二子，長先生考諱辛字次公，次仲父諱損字公鐸，兩公弱冠，即聯肩執教於北京大學，聲譽特著，一時名儒如陳漢章、劉師培、黃侃、黃節、錢玄同、張爾田之流，皆爭相結識，先生幼承名父之教，固已聰穎特異，丰裁雋逸，年十六，負笈北平中國大學，從當世名儒黃侃先生受業，承黃君之命，當堂賦感懷詩，有「百年身世千年慮，幾度寒窗夜不眠」之句，黃君以爲詩以言志，百年身世而有千年之慮，將來必爲傳世之人，因特器之，遂攜之家，嚴爲督教，授以文字聲韻之學，以植其基，教以博觀經史，以廣其學，而先生學益進。旋入國立北京大學研究所國學門研究，年甫弱冠，出爲河北大學教授，歷任金陵女子大學，國立北平師範大學教授，與當世碩儒，共擁皐比，先生天才瑰偉，雄於譚辯，每登壇席，辭令縱橫，玅義風發，加以聞見廣博，強記過人，頡頏群儒，已無少讓，所育多士，盡成巨擘。

抗戰軍興，先生以強幹能任重，才略出群倫，受樞府特達之知，派赴華北負責民衆組訓，游擊西山，績效卓著，遂拔爲中國國民黨漢口特別市黨部主任委員，兼綰游擊。于時漢口阽危，先生受命危難，託身虎穴，而志不少怯，與強寇周旋，出奇蹈險，屢建殊勳，數年之間，凡六蒙總裁蔣公嘉獎，於是敵僞引爲巨患，必欲得之而甘心。民國三十年，卒爲所劫持，由漢而寧而滬，脅誘百端，先生秉正氣，厲冰雪，終不爲屈，嘗於獄中作絕命詩，有句云：「此心同日月，此意擬冰雪。日月常光輝，冰雪終皎潔。昔思李郭功，今灑文山血。忠義分所安，慷慨成壯烈。」又獄中感賦詩云：「尙有頭顱盈熱血，敢將生死寄微吟。西南數月風塵絕，萬里孤臣淚滿襟。」浩然之氣，忠貞之節，上干霄漢而貫日月，直可與文文山、史可法先後相輝映者也。幽囚半載，屬有天幸，得脫身走香港，奔走行都，復爲敎授於國立四川大學，迨國土重光，政體聿新，先生以衆望所歸，膺選爲行憲第一屆國民大會代表，革故鼎新，多所獻替。

民國三十八年，火燎神州，洪流華域，先生挈家徙臺，衣冠敝悴，意灑如也。旋受聘爲國立臺灣師範大學教授兼國文研究所所長，三十餘年來，先後執教於國立政治大學、東吳大學、中國文化大學、淡江大學、輔仁大學，先生學識淵博，造詣宏深，循循善誘，誨人不倦，度以金針，指引津路，故從學多士，皆隨資有成，自第一位國家法學博士周道濟、第一位國家文學博士羅錦堂以降，泰半國家博士皆出自先生之門，門弟子之最著者，如行政院副院長邱創煥、中國國民黨中央委員會副祕書長陳水逢、前內政部次長雷飛龍、銓敘部次長傅宗懋、國立臺灣師範大學校長郭爲藩、中國文化大學校長潘維和、師範大學前國文研究所長現任訓導長李鍌、中興大學文學院長黃永武，弟子之任系主任、大學教授而成爲海內外大學之良師者，直如過江之鯽，難以計數，凡接於先生之門，親聞謦欬，莫不學行修飭，辭義可觀，先生於從學諸生，不僅平素嚴其課程，勤於教誨，且畢業之後，尤汲汲於安排工作，務使適才適所，故凡經先生陶鑄者，幾無不獲適當之職業，此皆先生苦心擘劃之所致也。美日及韓國生徒聞風嚮慕，負笈來臺，北面受業者至夥，而韓國人才尤盛，學成歸國教授，多卓樹名業，韓人銘謝先生之功，迎於漢城，韓國建國大學以先生志氣恢宏，學識湛深，培育多士，作則儒林，乃贈以名譽文學博士學位，以表景仰之忱。漢城市並以市鑰奉贈，款爲佳賓，禮遇優渥，其他學人文士，罕有其比，可謂榮矣。民國五十八年，先生六十初度，門人舉觴獻壽，一夕而踵門獻壽者數百人，並集資刊行慶祝先生六秩誕辰論文集；民國六十八年，先生七十雙慶，今總統蔣經國先生特頒壽軸，以崇榮典，門人復爲刊行慶祝先生七秩論文集，踵門獻壽者，倍增於前。非特此也，即每年生辰，亦相聚舉觴，獻詩稱壽，環視儒林，殆罕其匹，其得學生之崇敬有如此者，若非儒林祭酒，經師人師，曷克臻此者哉！

先生維護中國文字與中國文化，不遺餘力，每課諸生，亦以發揚固有文化相期勉，先生以爲我國優美文化藉文字以表現，如文字遭破壞，則斷絕文化之命脈，故於中共之簡化文字，破壞固有文字之美觀，混亂文字之使用，先生深惡痛絕，乃與友好生徒共組中國文字學會，先生被推爲理事長，以維護固有文字爲己任，並受教育部之委託，領導生徒，整理中國文字，研定國字標準字體，目前已由教育部頒布，舉國遵行，此皆先生之卓識，有以致之也。先生以為中國文化之精神，乃以孔孟學說為中心，故孔孟學會成立伊始，先生即被推為常務理事，並先後代表孔孟學會遠涉美國、西班牙，宣揚孔孟學說，遐彼遐夷，亦知尊孔，先生之功為何如也。

先生著作等身，其專門著述已刊佈者，計有《中國學術思想大綱》、《中國聲韻學通論》、《文字學概說》、《訓詁學概要》、《周禮今註今譯》、《兩漢三國文彙》、《中文大辭典》、《大學字典》、《國民字典》、《景伊詩鈔》等多種，數百萬言。尤以《中文大辭典》搜羅單字近五萬，每字說明其構造與本義，各種義訓之淵源，以及形音義之綜合關係，辭彙數十萬條，皆簡釋其函義，標明其出處，誠學海之津梁，儒林之瑰寶，曠古所未有，舉世所僅見，其有功於中國文化，固不待智者而知也。先生前後發表之單篇論文，數逾百篇，在大陸發表者多未存稿，無從查檢，即來臺後，已前後發表數十餘篇，分散於國內各大學學報及各種定期期刊，其最著者有〈簡體字在中國文字學上所發生的問題〉、〈光復大陸後的教育文化問題〉、〈中國文字的功用〉、〈中國文字與中國文字學〉、〈顧炎武之學術思想〉、〈切韻韻類考正〉、〈形聲轉注概說〉、〈中國文字的條例及其特性〉、〈尚書述略〉、〈易經略說〉、〈訓詁與治經〉、〈孔孟學說與中國文化〉、〈錢玄同傳略〉、〈章炳麟〉等多篇。先生之學，無所不窺，昔人所謂義理、考據、詞章爲學問之三途者，先生蓋兼善焉。至出乎其類，拔乎其萃者，於小學則最擅聲韻，此師承也；於義理則精於老莊，此家學也。師承家學，皆得眞傳，誠所謂名父之子，名師之徒也。

今歲開春，先生即感胸部不適，入住榮民總醫院診治，住院二月，已漸痊可，五月中，舊疾復作，再入榮總，綿延至六月八日九時零八分，終以頑疾肆虐，群醫束手，與世長辭，享壽七十有四，妻子女隨侍在側，遵禮成服，卜葬於五股墓園。嗚呼！哲人其萎，樑木其摧，先生相識，莫不傷悲，昊天有道，惟德是輔，豈其然乎！

中華民國七十二年六月二十日弟子陳新雄謹述

景伊詩鈔跋

余甫入上庠，即從先師林景伊先生受詩選，先師從古詩十九首始，依次選授曹子建、阮嗣宗、左太沖、劉越石、謝靈運、陶淵明，暨乎唐之李、杜、元、白、韋、韓、柳、劉，及樊川、義山之作，繼之以兩宋蘇、黃、范、陸而終於金元遺山，每授一篇，即令默誦。旋從師習文字聲韻之學，鑽研之暇，師令讀《文選》及《十八家詩鈔》，以資調節。且每謂章黃之門人，其諳小學者，無不能詩。戊戌、辛亥之際，余應先生之召，寄寓先生之家，昕夕談論，偏於小學，然酒酣之餘，亦縱談詩法，於詩之虛實相成，有無相生，人我相將，時空相配，正反相待，今古相對之理；及實詞以茂其華葉，虛字以通其凝滯諸端，皆娓娓道及，猶懼余不達其旨，於是師凡有作，即以稿相示，蓋所以示余作詩之法也。余每得稿，即爲之錄副，積日既久，存集成冊。先師七十初度，余即以印行詩集爲請，師乃令許生學仁就余往日所鈔，增益後來諸作，而以稿付余，令余編次，余授課之暇，日爲鈔寫，師見余所寫字不潦草，乃欣然將全集付余手寫，俾影印出版，並以出版事面託學海出版社李善馨先生。

壬戌之秋，余講學香江，亦以詩稿相隨，夜深燈下，工楷不停，計鈔七律一六一首，七絕三十一首，五律十六首。五絕二首，五古七首，聯句一首，歌辭二首，詩餘二首，總數二百二十二首。甫告竣事，而先師病危，余奔返臺北，侍病榻前，時先師神志雖清而口不能言，余呈閱手鈔詩稿，並保證出版印行，師微頷之，不數日而先師易簀，余經理其喪，不遑寧日，中復重返香港，結束課務，故於先師詩集，猶未編目，癸亥秋，余以先師遺稿呈先師同門摯友潘師石禪、高師仲華、華師仲譽過目，蒙三師校正訛筆，並製序言。三師於先師平生志事，詩學造詣，知之最深，先師爲人爲詩之道，皆已於序中言之詳矣，固無庸重爲縷覼也。

昔每逢先師誕辰，同門好友及門下生徒，多獻詩稱壽，歷有年數，積詩亦夥，先師棄世，門人挽章，亦屢見刊布，因一一搜集，列爲附錄，以見同門交篤及師生情誼。先師在日，每訓示吾人，讀書宜自行斷句，以自得之。今從其意，詩集序文，概不斷句，聚目既成，弁以公祭照片，及往日所賜墨寶，今睹手蹟猶新，而音容已杳，誠不知涕淚之何從也。

中華民國七十三年二月十六日夏正甲子正月十五日上元節

弟子陳新雄謹跋

鍥不舍齋論學集自序

余自成童入學，所讀者皆「來上學，去遊戲」之語，粗淺俚俗，識字之外，別無內涵，翰藻之義，既無所歸；沈思之事，亦未與聞。經史子集，固未浸淫，詩詞歌賦，尤罕習染，腦中空白，粗識之無而已。民國四十四年，余考入國立臺灣師範大學國文系就讀，其時神州陸沈非久，海島飄零未定，而標榜言文一致，手口相將之僞儒，妄改文字，拋棄國故之淺識。方且高踞學界，風靡一世，言辭章則務逐淺俚，語文字則盡變本源，正所謂天地閉、賢人隱之時也。先師瑞安林景伊先生，本其瑞安家學，蘄春師授，以名父之子，名師之徒，登壇講學，懲空疏之多弊，痛學術之淪亡，乃出其邃密之舊學，深沈之新知，以啓迪顓蒙，拯救危亡。余適逢其會，先生授以治學之方，勉以勤學之要，於是始稍知語言文字之本源，略識類族辨物之大義。

迨入國文研究所碩士班及博士班，所長本師高郵高仲華先生哀學術之凋零，國故之沈淪，首以識本原、培根底、求博雅、務通貫、貴專精、尙篤實、重創獲、去成見八項目標，昭示吾人，庶幾免泛濫而知歸宿，祛固陋而能通貫，敎學之重點，著重於根柢之培養與乎方法之傳授。爲培養吾人之根柢也，乃以「說文研究」、「廣韻研究」、「古音研究」爲其必修科目，欲加深文字之學識，作爲識古之基礎。研究期間，碩士班必須精讀圈點《毛詩》、《左傳》、《禮記》、《論語》、《孟子》、《荀子》、《楚辭》、《文選》、《文心雕龍》、《說文解字》等十部基本要籍，博士班則除此之外，另加十三經注疏及四史。為傳授吾人之方法也，則以「治學方法」、「文學研究法」為必修科目，俾知治學之途徑，奠立辭章之根柢，以撰寫讀書日記、心得報告、論文習作為其考覈之方，先生更親自檢閱吾人所圈點之書籍，撰寫之日記，討論其句讀，商榷其同異，至於論文習作，則揭示題材，講解方法，而時時相勉，自動自發，行健不息。林高二師協力同心，合作無間，攜手前進，鼓勵後學，三十年來，造就固有學術傳人，難以勝數，我中華學術危而復興，衰而復振，二師同心，與有力焉。

余以顓蒙，幸承誨迪，乃漸識治學之方，與聞學術之緒，偶有所得，亦筆之於篇，逐次發表於各學術期刊及各大學學報，累日既久，積稿亦夥，然散佈於外，翻檢為難，學友門人，無從索閱，今得臺灣學生書局之助，乃將歷年所撰論文，擇其要者二十五篇，彙集刊行，今行年五十，出其五十以前之著作，俾海內外博雅君子商榷其得失，論證其是非，一以上報恩師之教誨，一以作五十後之自勵，倘未因敝帚之自珍，而貽笑於方家則厚幸矣。鍥而不舍，金石可鏤，往昔服膺斯言，取以名齋，今復以《鍥不舍齋論學集》名斯書云。是爲序。

中華民國七十三年歲次甲子七月二十二日

陳新雄序於臺北市和平東路鍥不舍齋

懷燕廬吟草癸亥續集序

壬戌癸亥之際，余受聘於香港浸會學院中文系爲客座高級講師，與東莞韋希眞金滿君共事，君出《懷燕廬吟草》一集相贈，遂訂交焉。希眞爲人，性情率眞，思想敏銳，以其率眞，故待人以誠而不做作；以其敏銳，故觸處生情而非虛染。其出爲言辭也，則議論飛揚，眉宇軒昂；其發爲篇章也，則情意深厚，翰藻聯翩。若夫邦族之大節，親長之深恩，友朋之交誼，兒女之私情，莫不一一發爲詩篇，洩於翰墨。

尤有進者，於此一載之中，正値英相柴契爾夫人赴平，商討香港大限，顚蹶而歸。一九九七，聲徹雲霄，六百萬人，心存迷惘。自由與奴役，法治與暴亂，繁榮與凋敝，安定與流離，富裕與貧窮，活潑與呆滯，何適何往？何擇何從？無一不震撼人心，激動情緒，處此心所謂危之時，憂懷待寫之際，希眞切膚之感，尤多慷慨之思。

余雖暫寓，然目之所接，耳之所聞，危疑悚慄，憂思慨歎，亦蘊藏腦海，宣洩篇章，與君吟和激盪，桴鼓相應。君之恩師何教授遯翁敬群，詩壇祭酒，學術湛深，心懷漢室，義不帝秦。見君與余唱和之什，每爲點正，勸勉有加，時亦賡唱，以爲表率。希眞與余，幸蒙獎勵，習作愈勤，一載之間，竟積稿盈篋。余欲總集一帙，題爲《伯元吟草·香江煙雨集》，已蒙遯翁鄉長寵錫序言，正待付梓，而希眞《懷燕盧吟草癸亥續集》先余蕆事，即將質諸師友，公諸同好。余喜希眞寫作之勤，功力猛晉；余服希眞行事之敏，劍及履及。故樂爲之序，以與當代博雅君子及天下後世更證之。

中華民國七十三年八月三日夏正甲子七月七日

陳新雄序於臺北市和平東路鍥不舍齋

詩經周南召南發微序

我華夏文學，群體雜出，衆制鋒起，跡其飆流所始，莫不同祖風騷。蓋志動於中，而歌詠外發，六藝所因，四始攸繫，王化之基，於是乎在，然古詩無題，詩義微婉，寄興悠遠，難可指說。先賢子夏，親受聖人，爲裁詩序，隱義攸暢，無邪之旨，興怨之情，粲然可睹。故漢唐諸儒謹守弗墜，趙宋以來，明心之學興，稽古之功弛，治經之儒，不守家法，師心薄古，各逞臆說。於是鄭漁仲辨妄於前，朱元晦置疑於後，流風所及，邪說蜂起，異端並出。迤邐至於今日，說經之士，言詩序則斥爲迂，據傳箋則目爲腐，指鄭衛盡淫辭，目二南咸附會，古之格致誠正修齊治平之道，溫柔敦厚之敎，乃湮沒而不傳，斷斷以破序爲得計，沾沾以逞臆而遂心，或鑿說爲戀辭，或附會爲奴歌，扣盤捫燭，捕風捉影，妄談詩旨，曷勝慨歎！

余昔從先師瑞安林先生景伊治文字聲韻之學，於歸納詩韻之餘，亦嘗手鈔詩篇，摩娑吟賞，浸漬漸久，略知興會，嘗怪朱子詆小序爲鑿空，然己之改作，又何嘗有據？如〈鄭風·風雨〉，〈序〉言思君子，而朱子斥爲淫詩，毛奇齡《白鷺洲主客說詩》曰：「自淫詩之說出，不特春秋事實皆無可按，即漢後史事，其于經典有關合者，一概掃盡。如《南史·袁粲傳》：『粲初名愍孫，峻于儀範，廢帝裸之，迫之使走，愍孫雅步如常，顧而言曰：『風雨如晦，雞鳴不已。』』此〈風雨〉之詩，蓋言君子有常，雖或處亂世而不改其度也。如此事實，載之可感，言之可思，不謂淫說一行，而此等遂闃然。即造次不移，臨難不奪之故事，俱一旦歇絕，無可據已，嗟乎痛哉！」據毛氏此說，朱子解詩，斷絕史脈，縱得詩旨，亦奚以爲？

文生幸福從吾友桐城汪教授雨盦治詩有年，覈其詁訓，考其名物，研求詩旨，思與理暢，每相討論，啓予者多。近出其所撰《詩經周南召南發微》一冊相示，余觀其書，上篇論詩刪編，則曰暗寓大義；言及《詩·序》，乃謂聖賢師承；述及四詩，則以風爲徒歌，南、雅、頌者，皆樂器之名，故爲樂詩。下篇考二南之名義、地域、作者、年祀，並釋其詩旨，莫不廣徵博引，索本窮源，辭愜於理，義切於心。以南爲鐃，樂器之名，創爲新解，而確有徵驗，闡發詩旨，必遵古序，二南始基，皦然大白。於舉世滔滔，循鑿空，逞臆說之際，文生乃遵漢儒家法，探聖經要義，糾疑序之紕繆，歸經旨於正道，余喜其能循古則，秉持古義，不溺時流，不騖新異。故樂爲之序，並告世之君子云耳。

民國七十五年三月十五日歲次丙寅二月初六日

陳新雄序於臺北鍥不舍齋

老子釋義序

民國四十五年歲次丙申，余初識同門友黃君登山於先師林景伊先生之門，先師時以小學與老莊教授於各大學，余從先師治文字聲韻之學，日相討論者，黃君登山與焉。歲月不居，荏苒卅載，先師且歸道山，撫今思昔，不勝隔世之感。近黃君出《老子釋義》示余，且屬爲序言，余讀之喜。因爲言曰：昔嘗聞先師之言，老子以其世爲史官，深明乎治亂興衰之由，察乎成敗得失之故，憤世俗之澆薄，故主反樸歸眞，順乎自然；感物慾之誘惑，故主絕聖棄智，而復其淡泊。以剛強之易摧，爭競之自害，故主謙虛柔弱，以長保其身，以善處此世，以道爲理，以德爲體，以常爲宗，以無爲爲本，充其極致，乃至於無所不爲，是故歷代君主之治世也，雖以儒術爲尊，而實以道術爲用，非無由也。

黃君此書，先標原文，次加註釋，繼出語譯，終以韻讀。清儒戴震嘗曰：「經之至者道也，所以明道者其詞也，所以成詞者，未有能外小學文字者也，由文字以通乎語言，由語言以通乎古聖賢之心志，譬之適堂壇之必循其階，而不可以躐等。」黃君此作，標原文以明其章節，集先賢注釋而以意貫通，明大旨而譯語淺出，籀其韻讀而音節鏗鏘，則已融小學辭章義理於一篇，而能循序漸進，學不躐等，余偉君之能融會貫通，亦幸先師老莊之學得其傳人，故樂爲之序，而以余之所知君之所以成就者，爲世之君子告也。

民國七十五年歲次丙寅十月五日夏曆九月初二日

贛縣陳新雄序於臺北鍥不舍齋

黃侃聲韻學未刊稿出版序

余昔侍先師瑞安林景伊先生，師每爲言蘄春黃季剛先生治學之勤劬，於《說文》、《廣韻》致力最殷，批校點勘，幾無虛日，蠅楷蟻書，朱墨爛然。吳興錢玄同先生亦云：「黃君邃于小學，聲韻尤其所專長，《廣韻》一書，最所精究，日必數檢，韋編三絕，故于其中義蘊，闡發無遺，不獨詮其名詞，釋其類例，且由是以稽先秦舊音，明其聲韻演變之跡，考許君訓詁，得其孳乳之由，蓋不僅限于《廣韻》，且不僅限于聲韻學，已遍及于小學全部矣。」今黃先生猶子武漢大學教授黃焯出其未刊聲韻學著作，彙印爲《黃侃聲韻學未刊稿》兩冊，足證錢君與先師之言，皆信而有徵也。

本稿所著述，今分別簡述於後：一、象形指事會意字聲表。本表縱以《廣韻》四十一紐爲經，橫以《說文》原始初文爲緯，諸字聲母，一目了然，諧聲關涉，展卷無遺。二、象形指事會意字古韻表。縱以古韻二十八部爲綱，橫以《說文》原始初文所屬聲紐爲目，綱舉目張，初文韻部，皦然可曉，所隸聲紐，赫然可見。三、黃季剛先生手寫聲類表。此表縱以《廣韻》四十一紐爲經，橫以四十一聲紐各紐字爲緯，經緯交錯中，塡入經史傳注雅詁同訓之字，非僅明其聲紐，且藉聲紐之配合，以明字義之交通，實融形音義於一篇，爲先生之創舉，邁越前修者矣。四、黃季剛先生手寫古韻表。縱以古韻廿八部爲經，橫按古韻廿八部之次第，就韻文、諧聲、重文、假借諸端，標示廿八部間音轉之遠近。五、聲母分韻表。內分兩表：第一表，按古韻二十八部陰入陽三聲之次，將各部諧聲字之最初聲母彙列，以最初聲母多罕用字，故標注切語，以明音讀。第二表，先按古韻廿八部分部，每部之中，又按古聲十九紐之次第，將各部諧聲字最初聲母彙列各聲紐之下，此不僅明諧聲字根之古韻部，且能明其古聲紐，進察古音之全。六、錢玄同先生手錄黃季剛先生著音學八種，係民國四年，黃錢二君聚首北平，相互商討聲韻時，錢君手錄黃君音學之初稿，計聲韻通例十二表，古均旁轉、對轉表，入聲分配陰陽表，重定《切韻》均類表，支脂眞仙宵侵鹽七均均類說，脣音說，均紐分配表等多種，雖爲早年之著，而規模已立，足見功力之深厚，心思之縝密。錢君書法優美，相得益彰。七、黃季剛先生手寫聲韻示讀。按喉牙舌齒脣之序，依四十一聲紐之正變關係，將各紐切語上字因其開合洪細之次，分別注明切語，以示音讀。八、五雅古韻表。五雅指《爾雅》、《小爾雅》、《方言》、《釋名》、《廣雅》五書，將此五書之文字，按四十一紐二十八部之次，分別塡入聲韻交錯之表格中，每字皆注明原書出處。先儒以聲寓義，先生此表，殆欲窺聲義同源之脈絡。九、《爾雅》聲類表。此表以《爾雅》〈釋詁〉、〈釋言〉、〈釋訓〉以下之篇次，將《爾雅》文字依四十一聲類之序，以同聲紐之字譜列於各紐之下，以見聲紐與字義關係。此中又分二類：先將各篇同紐之字彙列，復按各篇義詁分列，以通釋字標示眉端，所謂「《爾雅》校蟲魚」者，先生有焉。十、《小爾雅》聲類表。十一、《方言》聲類表。十二、《釋名》聲類表。十三、《廣雅》聲類表。以上四表皆倣《爾雅》聲類表之體例而成，末附〈讀《集韻》證俗語〉一篇，迻錄《集韻》注釋與後世俗語有關之詞滙，足明語言承傳，其來有自。先生稿多以表格形式出之，此最足明音韻之結構，已爲中外學者所公認，先生卓識，殊堪欽佩，讀罷全書，肅然頌曰：

昔之所聞，今之所見。聞見若一，絲毫不變。道統相傳，如覿其面。漪歟先生，精鋼百鍊。高山景行，人皆仰羨。

撰寫既竟，感觸萬端，有言在胸，不吐不快。切望於有關當局者，凡我先聖先哲先賢先師之學術著作在大陸出版者，乃我先師聖哲之心血結晶，本應爲全民所共享，非匪僞之所得專，故凡思想之無關共產邪說，文辭之不涉馬列異端者，皆應放寬查禁尺度，令後學獲有各類學術之知識，從而改進其治學方法，提高其學術水準。孫子曰：「知己知彼，百戰不殆。」其斯之謂歟！

中華民國七十五年十月十二日歲次丙寅九月九日

小門生陳新雄謹序於臺北市鍥不舍齋

類篇研究序

我國文字，源遠流長，歷史既久，使用益繁。致有形同義異，形異義同，音同義同，音異義異，種別既繁，各體孳生。自倉頡以來，整理多次，史籀整合成大篆，李斯統一由篆書，叔重《說文》，野王《玉篇》，則整理文字之尤著者也。字形之書，收字之富，趙宋以前，固無以逾於《類篇》者矣。

善乎司馬溫公之言曰：「雖有天下甚多之物，苟有以待之，無不各獲其處也，多而至於失其處者，非多罪也。無以待之，則十百而亂，有以待之，則千萬若一。」中國文字之本在形，中國文字之用在音，形音既明，義於是得。以其用在音也，而古之善待之以音者，則有《切韻》、《廣韻》，而《集韻》集其大成，天下之字以音相從者，無不得也；以其本在形也，而古之善待之以形者，莫若《說文》、《玉篇》，而《類篇》又集其大成也，則天下之字以形相從者，蓋無不得矣。

顧以《類篇》一書，賅字五萬有奇，卷帙繁富，雖體例精約，而歷來探研者少，故未彰顯於世。孔生仲溫彬彬君子，治學不苟，態度端謹，其入政大中文研究所博士班也，問研究方向於余，余以孔生素喜語言文字，用力勤劬，乃以〈《類篇》研究〉爲題，令其探索。孔生聞而好之，盡四載鑽研而成《類篇研究》一鉅冊，凡二十五萬言，並以此榮獲文學博士學位，書中於《類篇》之字形、字音，皆詳分縷析，各究根源，原原本本，隱義攸揚，洵有功於《類篇》原書，且有功於中國文字與文化者矣。今臺灣學生書局爲之梓行，問序於余。余每感中國文字歷史悠久，形體美觀，結構嚴緊，條例秩然，實兼具實用與藝術價值，然以科技工具配合不易，每爲淺人啐病，致厄於中共之簡化拼音，乃至淆亂字形，辨識爲難，既不美觀，又異傳統，非驢非馬，盡失本原。夫文字者，前人所以垂後，後人所以識古，形異古人，則古今失序；拋棄傳統，截斷史脈，始作俑者，其無後乎！

我國家遷治臺灣，四十年來，勵精圖治，與民生息，科技發展，日進千里，嘗於科技整合研究會，見王金土教授設計宜人輸入法中文電腦，其所創交換碼，無論古字、俗字、正體、簡體，一經輸入，經過交換，所輸出者，仍爲國家頒布之標準字體，曾有人欲以厚價令王教授更換爲簡體，爲王教授所峻拒，此種愛國情操，維護傳統文字之精神，殊堪欽佩。所屬望於仲溫者，今後當多與王教授等愛護國家，維護歷史之科技學者密切合作，以對傳統文字之知識，提供於實用之科技，則中國文字之發揚光大有日矣，中國文字之運用方便有日矣，造福於中國十億同胞有日矣。此書之出版，於此數項目標，必有促進之效。仲溫其勉之。

中華民國七十六年四月六日歲次丁卯三月初九日

陳新雄序於臺北市和平東路二段鍥不舍齋

韻鏡研究序

韻鏡一書，其來也遠，鄭氏浹際但云梵僧傳之，華僧續之，欲跡其人，已難指名。其分析聲韻，可謂精微，於聲之七音清濁，於韻之開合洪細，皆表之於圖，能曲盡其妙。孔生仲溫，後及余門，誠樸勤篤，尤好音學，發奮探研，每忘寢食，逾時兩載，而斐然成章。今觀其書，條理秩如，先賢成說，既已網羅無闕，並世學人，亦能度長絜短，於韻鏡之撰述、流傳、內容、音系，皆能探源得流，要言不繁。於名詞之內外轉攝、開合等第，亦足闡述要義，深入淺出。余嘉其學務根本，實事求是，既足明等韻之精微，亦可釋衆人之所疑，因薦之於學生書局印行，俾廣流傳。今梓行有日，因述其刊行緣起如此，斯爲序。

中華民國七十六年雙十節

陳新雄序於臺北市和平東路二段鍥不舍齋

字樣學研究序

中國之文化具體表現於儒家思想、中國歷史及中國文字，而文字尤爲傳承思想與歷史之工具，維繫民族團結之基礎，然創之非一時，非一地，非一人，故衆體相參，繁簡雜陳，若無統合，何能通行。好書者衆矣，始壹之於倉頡；古籀遭變，復統之於太史；六國異形，則齊之於李斯。自秦一區夏，車同軌，書同文，天下文字，似無異體矣。是又不然，蓋篆隸相變，眞草迭興，加以書寫工具改進，文字非特爲傳承思想歷史之工具，書法復兼有美術藝品之價値，於是點畫之增減，偏旁之移置，所在多有，異樣滋生。漢時字或不正，輒有舉劾；唐代點畫小虧，無緣干祿。是故刊定字樣，下筆有據，其事綦要，何堪久闕。《干祿字書》、《五經文字》諸著，遂應運而生，相繼問世，然日月代逝，歲月悠長，使用既久，字體還遷，加以政情改易，簡俗流通，往日式樣，復漸失眞，若不參稽異同，考校是非，重泐新編，刊寫何憑！

教育部昔鑒及此，乃委託國立臺灣師範大學國文研究所，重新研訂國民常用字標準字體，今已公布施行。余昔夤緣際會，躬逢其盛，參與研審，艱難備嘗，尤能體悟字樣之重要，審訂之不易。蓋若悉依《說文》，每詭衆難依；若循世從俗，則儒雅驚訶。蓋必泰簡適中，雅俗合宜，而用捨之間，尤須折衷。故必有學理之依據，專門之研究，始克濟事。以此亟勉後學，密勿從事，俾字有憑據，可施著述，敷政設教，各無疐礙。曾君榮汾早及余門，從余習文字聲韻，成績斐然，聞吾言而好之，亟請從事，嘗在余指導之下，以《干祿字書研究》一文榮獲國家文學博士學位。此後猶孜孜不倦，專力字樣之研究。今觀其書，於字樣學之名義、緣起、價值、發展，以及學理之剖析，研治之方法，《干祿字書》所具字樣學理之探索等，莫不元元本本，殫見洽聞，而條理之密察，觀念之明晰，則其有功於中國文字之整理，標準字體之審定，亦可必矣。睹榮汾之能循古道，斐然成章，為之欣喜。故以余所知於榮汾者告，並與天下後世之讀是書者共證之。是為序。

中華民國七十六年十二月二十五日

陳新雄序於臺北市和平東路鍥不舍齋

十韻彙編研究序

《十韻彙編》之作，據先師林景伊先生影印後記，乃發軔於劉半農先生《八韻比》，卒由魏建功、羅常培兩先生終竟其事，而成斯編，新材料能突破前人研究之極限，先師與羅魏二君已慨乎言之。然《十韻彙編》雖爲新資料之總集，而編者限於時序，材料多爲輾轉傳鈔，原卷深藏，未能親睹。且寫本久蘊洞穴，或經蠹損，或因腐蝕，殘缺不全，難保完璧，故彙輯成編，錯誤不免，後之用者，易受誤導，是則一字之訛，一音之差，皆宜考鏡，以符原貌。葉生鍵得早及余門，從余習文字聲韻，完成碩士論文《通志七音略研究》，以韻圖之作，基於韻書，韻書不明，韻圖失據。故入博士班，高郵高師仲華及以《十韻彙編研究》相屬，葉生聞而心喜，商略於余，並請指導，余上承師長殷切之屬，下感葉生問學之誠，乃毅然應允。

於是研訂大綱，剋日計程，鍵得學有根柢，行事踏實，盡六載之鑽研，完成論文九十餘萬言，考校於點畫之微芒，斟酌於切語之清濁，釐正諸卷，各歸本原，於殘卷研究之狀況，斯編輯訂之經過，版本之異同，編排之方法，廣搜博考，探源振委，用功已深。而校勘訛奪，考釋序統，比較異同，評騭得失，亦鞭擘入裡，足資參稽。葉生既以此篇榮獲文學博士學位，復將刊行，就正於當世之知音君子，因問序於余，遂以葉生所以能爲此篇者告。是爲序。

中華民國七十七年五月十七日

陳新雄序於臺北市和平東路二段鍥不舍齋

語言學辭典序

國內研究語言學者，於語言學專有名詞，苦無中文本書籍可供查索，因邀集國內年輕學者竺家寧、姚榮松、羅肇錦、孔仲溫、吳聖雄諸君，搜集資料，商訂體例，著手編輯，費時三年，幸底於成。並蒙三民書局允爲刊行，瞬將問世，就正於海內外語言學專家學者，因限於編者之學識見聞，粗率之處，知所不免。《淮南子》嘗言：「初創者難爲功，繼起者易爲力。」編輯同仁謹遵初創難爲之義，不敢求功；但願後繼得力，多予賜正爲幸。譯名方面蒙中央研究院史語所吳疊彬先生多所賜教，謹致謝忱。

中華民國七十七年九月十五日

陳新雄序於鍥不舍齋

無益詩稿序

詩以言志，志爲心聲，處今之世，神州陸沈，蓬島飄零，香江震蕩，北京屠城。炎黃子孫，中華兒女，感人之奮發，惕己之衰頹，其怵目驚心，斷腸裂膽之餘，旣無力以掃蕩宇內，淸除妖孽。惟以其深沈之思，發爲翰藻之辭，以抒懷抱，以紀史事，此杜工部流離蜀境，傷心邦國之情也。

近世科技昌明，實業發展，商工貿易，謀生容易，吟詩作賦，無益致富，故已不爲世所重矣。間嘗竊思，譬之人體，軀幹健壯，四肢奇偉，然頭腦呆滯，思想空虛，則亦行屍走肉，無所內涵，不値一觀者矣。

文生幸福，信國後裔，原稟忠義家風，嶺南世居，固多慷慨奇思，舉世滔滔，求榮取利，生卻獨循古則，軒渠自得，發爲吟詠，藉抒懷抱，補益世道，其旨溫厚，克長風俗。顏曰《無益詩稿》，蓋亦感痛深矣，果眞無益耶？願與讀斯篇者共證之。

中華民國七十九年二月八日

陳新雄序於香港沙田第一城寄寓

百年身世千年慮之林尹教授

先師林尹教授字景伊，浙江省瑞安縣人。先生出自瑞安學術世家，祖父養頤公，爲瑞安大儒陳介石之高足弟子，父辛字次公，仲父損字公鐸，弱冠即聯肩執教於國立北京大學，一時名儒，如陳漢章、劉師培、黃侃、黃節、錢玄同、張爾田之流，皆爭相結識。先生幼承名父之教，國學早紮根基，加以天資聰穎，思慮敏銳，故十六歲即負笈於北京中國大學，從當世名儒黃侃季剛先生受業，上課伊始，即承黃先生之命，當堂賦〈感懷〉詩，先師〈秋夜感懷〉詩云：

白露曖空月滿天。更深景物益淒然。悲秋蟋蟀鳴東壁，落葉梧桐逐逝川。大壑移舟唯有限，呴魚失水待誰憐。百年身世千年慮，幾度寒窗夜不眠。

季剛先生以為詩以言志，百年身世而有千年之慮，將來必為傳世之人，對先生乃特別器重，遂攜之返家，嚴為督教，授以文字聲韻之學，奠立基礎，教以博觀經史之學，廣其學殖。先生前後寓居黃君家中，時經兩年，問學益進，旋考取國立北京大學研究所國學門研究，以〈溫州方言〉一文而畢業，導師為劉半農先生，考試委員為趙元任、錢玄同等大師。民國十七年，先生年方十九，駱鴻凱先生為季剛先生高足弟子，任河北大學中文系主任，聘先生為該校教授，乃當時各大學中最年輕之講席，其後更歷金陵女子大學，國立北平師範大學教授，先生與當世碩儒老師，共擁臯比，頡頏群儒，已不多讓，所育諸生，亦隨資有成。

民國二十六年，抗戰軍興，先生以精敏強幹，才略出群，受樞府特達之知，派赴華北組訓民衆，游擊西山，與日寇相周旋，績效卓著，遂選拔爲中國國民黨漢口特別市黨部主任委員兼綰游擊，其時漢口危急，淪陷在即，先生受命於危難之間，託身虎穴，而志不少怯，與強寇周旋，出奇蹈險，屢建殊勳，數年之間，凡六蒙總裁嘉獎。於是敵僞引爲巨患，必欲得之而後甘心。民國三十年，終爲日本情治人員所刧持，由漢口、南京而拘囚於上海，威脅利誘，無所不用其極。先生秉持正氣，厲冰雪志，終不屈服。嘗於獄中作〈絕命〉詩，有句云：

此心同日月，此意擬冰雪。日月常光輝，冰雪終皎潔。

昔思李郭功，今灑文山血。忠義分所安，慷慨成壯烈。

浩然之氣，忠貞之節，上徹雲霄而貫日月，與文文山、史可法先後相輝映，幽囚半載，屬有天幸，得脫身走香港，奔走行都，復受聘爲國立四川大學教授。

民國三十八年，中共席捲大陸，先生挈家徙臺，旋受聘爲國立臺灣師範大學教授兼國文研究所所長，三十餘年來，先後執教於國立政治大學、東吳大學、文化大學、輔仁大學、淡江大學，先生學識淵博，造詣宏深，循循善誘，誨人不倦，度以金針，指引津路，故從學多士，皆成就卓越，自第一位國家法學博士周道濟、第一位國家文學博士羅錦堂以降，泰半國家博士皆出自先生之門，今臺灣各大學中文系主任及中文研究所長百分之八十皆爲先之門人，如國立臺灣師範大學文學院長周何博士、國文系主任兼所長王熙元博士、政治大學中文系主任兼所長簡宗梧博士、東吳大學中文系主任兼所長林炯陽博士，淡江大學中文系主任兼所長龔鵬程博士、中央大學中文研究所長張夢機博士、中文系主任蔡信發博士、文化大學中文系主任兼所長金榮華教授、逢甲大學中文研究所長戴瑞坤博士、成功大學中文系主任謝一民教授、高雄師範大學文學院長應裕康博士、系主任王忠林博士、所長周虎林博士、空中大學中文系主任沈謙博士。其弟子之任大學教授，成爲海內外大學之良師者，更如過江之鯽，難以計數。季剛先生所謂必爲傳世之人者，於今信然。凡接於先生之門，親聞謦欬，莫不學行修飭，辭義可觀，先生於從學諸生，不僅於平素嚴其課程，勤於教誨，且畢業之後，尤汲汲於安排工作，務使適才適所，其有今日之成就者，皆先生苦心擘畫之所致也。美日及韓國生徒，聞風嚮慕，負笈來臺，北面受業者至夥，而韓國人才尤盛，學成歸國教授，多卓樹名業，韓人銘謝先生之功，迎於漢城，韓國建國大學以先生志氣恢宏，學識湛深，培育多士，作則儒林，乃贈以榮譽文學博士學位，以表景仰之忱。漢城贈以市鑰，款爲貴賓，禮遇優渥，其他學人文士，罕有其比，可謂至榮。民國五十八年，先生六十初度，門人舉觴獻壽，一夕而踵門者數百人，並集資刊行慶祝先生六秩論文集。民國六十八年，先生七十雙慶，國家元首特頒壽軸，以崇榮典，門人復爲刊行慶祝先生七秩誕辰論文集，踵門獻壽者，倍增於前，若非儒林祭酒，經師人師，曷克臻此者哉！

先生維護中國文字與中國文化不遺餘力，每課諸生，亦常以發揚固有文化相期勉，先生以我國優美文化，藉文字以表現，如文字遭破壞，則斷絕文化之命脈，故於破壞固有文字之美觀，混亂文字之使用者，先生皆深惡痛絕，乃與友好生徒，共組中國文字學會，先生被推選爲理事長，以維護固有文字爲己任。猶記民國六十年代初，先生受教育部之委託，整理中國文字，研定國字標準字體，先生乃約余及同門李殿魁君共商其事，余以整理中國文字，釐定標準字體，茲事體大，而教育部僅撥些微經費，吃力不討好，心有難色，不欲參加，先生憤然曰：「爾不從事，天下非少爾一人，他日教育部倘聘不識文字條例者，整理文字，釐定字體，然後頒佈施行，爾豈非仍得遵守乎！」余懍於先生之教誨，遂邀集先生生徒，在先生指導之下，調查整理，分析討論，終於制定《常用國字標準字體表》、《次常用國字標準字體表》、《罕用國字標準字體表》，分別經教育部頒佈，各界遵行，今臺灣中文電腦字體亦得統一，此皆先生卓識有以致之也。

先生著述等身，其專門著述已刊佈者，計有下列十種，茲簡介於後：

一、《中國聲韻學通論》：此書及先生早年在北平師範大學之聲韻學講義，後來整理成書，交由中華書局出版，來臺後，交由世界書局印行，其後又由林炯陽補注，改由黎明文化圖書公司出版。此書共分四章：首敘論、次聲、三韻、四反切。書中於聲韻學之名稱、通例、起源、流別、方法、途徑各方面均詳加說明。先生以爲《廣韻》一書，論古今通塞，南北是非而成，實爲聲韻學之樞機，所以本書重點乃在講明《廣韻》。編排相當合理，適合初學程度，由淺入深，循序引導，初學之人，不苦其難，故我在各大學講述聲韻，採作教材，即因此書能執簡御繁，操本齊末，最適合初學之故。

二、《中國學術思想大綱》：此書自六經諸子思想內容講起，依次為兩漢黃老思想、魏晉南北朝之玄學、隋唐佛學、宋元明理學、清代徵實學。皆能綱舉目張，分析入微，此書原由先生自印，後歸臺灣學生書局出版。

三、《兩漢三國文彙》：民國四十年代初，鄞縣張其昀先生為教育部長，以歷代文章搜集不易，乃有編輯中華文彙之議，令高明教授主其事，高先生乃廣邀名儒碩學分別編纂，先生主編兩漢三國部分，搜羅二千餘篇文章，分體編輯，每篇酌加分段與新式標點符號。

四、《文字學概說》：臺灣正中書局出版，於文字之意義，六書之條例，歷代文字學之發展，各類字體之演變，均詳加闡述。大體以章、黃之學爲本，爲初學入門之書。

五、《訓詁學綱要》：臺灣正中書局出版，於訓詁之意義、成因，訓詁與文字、聲韻之關係，訓詁之方式、次序、條例、術語、書籍各方面均作扼要敘述，大體本黃侃《訓詁述略》，而加以擴充。爲目前臺灣各大學普遍採用之訓詁學教材。

六、《周禮今註今譯》：臺灣商務印書館出版，此爲王雲五先生晚年主編古籍今註今譯叢刊之一，於閱讀原卷能力較差之讀者，閱讀時較爲省力。

七、《中文大辭典》：中國文化大學華岡出版社刊行。民國五十年代（西元六十年代）初，張其昀先生任國防研究院主任，以中文猶無一完整之辭書，乃聘請先生與高明教授共同主持《中文大辭典》編纂事宜。時高教授任教香港中文大學，故發凡起例，先生一手任之。搜羅單字近五萬，每字說明其構造與本義，各種義訓之淵源，以及形音義之綜合關係。辭彙數十萬條，皆簡釋其含義，標明其出處，誠學海之津梁，儒林之瑰寶，曠古所未有，舉世所僅見，其有功於中國文化，固無庸覼縷細說。

八、《大學字典》：中國文化大學華岡出版社印行。此爲繼《中文大辭典》後編撰而成之中型字典，適合於大學程度使用。

九、《國民字典》：中國文化大學華岡出版社印行。此爲繼《大學字典》後編成之小型字典，適合中小學程度使用。

十、《景伊師鈔》：余從先生治聲韻學，先生每語余曰：「章黃之門人未有不能詩者。」此冊乃先生棄世之後，余搜集其平日詩稿，編輯而成。共收七律一六一首、七絕三十一首、五律十六首、五絕二首、五古七首、聯句一首、歌辭二首、詩餘二首，總數二百二十二首。由余手鈔，交臺灣學海出版社印行。

先生生前發表之單篇論文，數量亦夥，在大陸發表者，多未存稿，無從查檢。至臺以後，已前後發表數十餘篇，分散於國內各大學學報及各種定期期刊，其最著者有〈簡體字在中國文字學上所發生的問題〉、〈光復大陸後的教育文化問題〉、〈中國文字的功用〉、〈中國文學與中國文字學〉、〈顧炎武之學術思想〉、〈切韻韻類考正〉、〈形聲轉注概說〉、〈中國文字的條例及其特性〉、〈尙書述略〉、〈易經略說〉、〈訓詁與治經〉、〈孔孟學說與中國文化〉、〈錢玄同傳略〉、〈章炳麟〉等多篇。先生於學，無所不窺，，昔人所謂義理、考據、辭章爲學問之三途者，先生蓋兼善焉。至出乎其類，拔乎其萃者，於小學則最擅聲韻，此師承也；於義理則擅精老莊，此家學也。師承家學，皆得其傳，誠所謂名父之字，名師之徒也。民國七十二年五月，先生疾作，入住榮民總醫院，延至六月八日上午九時零八分，終以頑疾肆虐，群醫束手，與世長辭，享壽七十有四。治喪委員會於七月五日舉行公祭，由黨國元老與政府要員，分以黨國旗覆棺，並卜葬於五股墓園。

嗚呼！余從先生游，二十有七年，小學詩詞皆從先生學，大學甫卒業，先生即薦之於東吳大學任聲韻學講席。先生病危之際，余講學於香港浸會學院，聞訊奔返臺北，侍病榻前，先師易簀，經理其喪，不敢或遑。而天人永隔，音容已杳，追憶前塵，無限哀感，因撰挽詞二十七章，以寫悲懷。今錄其最後五章於後，以誌哀思。

颯颯秋風露氣清。孺思難已及門情。堂前桃李花千樹，絕學誰當隻手擎。

燈前小字寫黃庭。詩稿如今已殺青。定使先生浩然氣，長留宇內作儀型。

門牆百仞忝先登。壇坫當年日見稱。後死未能揚絕學，如斯弟子豈堪憑。
時當柔兆始從游。屈指韶光廿七秋。往日有言無不盡，今朝未語淚先留。
佳城一閉鬱重陰。追憶師門恩義深。今日哀歌和淚下，可能重聽我沈吟。

中華民國七十九年四月杪

弟子陳新雄謹述於香港中文大學中國文化研究所

先君事略

先府君陳公諱定湛字清華，世居江西省贛縣王富鄉黃沙村，系出東漢穎川許縣，遠祖陳寔字仲弓，素有陰德，故子孫繁昌，遠徙各地，黃沙陳氏一族，係始祖德才公自九江遷至贛縣之鷗潭，二世祖元吉公復遷至黃沙，遂定居焉。傳二十世，至先祖父和伸公以縫紉業，四方延請，幾無虛日，嫡祖母徐氏勤儉治家，家道因以小康，嫡祖母原生一子，諱定訓，先君之兄，余兄弟先伯父也。成年後，罹患癆瘵，卒不永年，又乏子嗣，族中豪強，覬覦產業，親族聚議，強爲立嗣，嫡祖母洞察其姦，斷然拒絕，力勸先祖納妾生子，以承宗祧，先祖然之，乃娶黃氏爲妾，即先君生母也。先君生而先祖棄養，幸賴嫡祖母躬親撫養，以至成人，然一門孤寡，備受土劣欺凌，嫡祖母逆來順受，茹苦含辛，其間艱困，實難縷述。故深深體認，若不讀書識字，則人爲刀俎，我爲魚肉，惟有任其宰割之份耳。

先君八齡，嫡祖母送往私塾就讀，四年之中，凡三字經、百家姓、千字文、千家詩、幼學、四書、日用雜字、昔時賢文等蒙學書，悉能成誦，塾師稱先府君天資過人，至堪造就也。十二歲入本鄉惜分高等小學住校就讀，私塾未授數學，故算術一科，遠遜同儕，學期考試，名列末行，先府君內心痛苦，難以形容，幸自第二學年起，校長王正材先生親授英數二科，先生教法優良，善於啓誘，先君得此良師，英文領悟特強，數學亦更精進，至畢業成績，躍升全校第一，先祖母聞悉歡喜無量，母子互擁，熱淚淋淋。小學畢業後，其時我縣初級中學僅省立三所、私立二所，敎學設備及師資皆以省中爲佳。先君考入省立第一農校，對於栽培果樹及病蟲害之防治，頗具心得，日後在家鄉培植果樹數百株，皆能欣欣向榮，果實纍纍，此先君學能致用之效也。第一農校畢業後，先祖母囑還鄉料理家務，初無升學意願，然其他同學皆紛紛晉省深造，於是升學意願，勃然興起，乃懇求先祖母俯允，其時先祖母年逾七十，初未應允，先君乃邀請堂伯定遜公及先君高小校長陳公理乾向先祖母勸說開導，終獲允許，乃負笈省垣，考入江西省農業專科學校就讀，爲吾族中就讀大專院校之第一人，在農專就讀一年，翌年復考入江西省警官學校就讀，在警校二年，因施行軍事管理，要求嚴格，起居作息，均有定時，兩年時間，不但鍛鍊體魄，亦獲眞實學識，更養成先君一生良好之整潔習慣，在校期間，結識知心好友鄭公士琦、歐陽公浩，誼結金蘭，於先君一生事業影響殊大，而友誼雋永，亦令先君畢生難忘，每爲余兄弟津津樂道。

民國二十年自江西省警官學校畢業後，即分發省會警察局實習，次年期滿，派充南城縣警察隊長，在職三年，因勤奮工作，治安良好，迭獲縣府記功嘉奬，更獲地方一致好評。離職之日，地方各界聯合歡宴，並致贈恫瘝在抱匾額一方，初出茅廬，已著顯治事幹才。二十四年轉任贛縣人民自衛隊隊長，抗戰軍興，於二十八年轉任第四戰區挺進隊長，獻身抗日。三十年五月調任陸軍第一九三師少校參謀兼科長。三十四年，抗戰勝利，復員還鄉，出任鷹潭警察局局長，三十六年，出任江西省保安第七團少校幹事，三十八年，共軍渡江，首都失守，保七團奉令改編爲陸軍五十六師一六七團，政府爲安定軍心，先安眷屬，乃令先君自汕頭護眷入臺，主持眷管業務，其時政局紛亂，事無端緒，先君爲安定眷心，造冊領補，每至夜分，不敢遑息，故眷心得安，將士用命，乃有登步之大捷，捷報傳來，眷區歡慶，先君亦以無負國家所託，每引爲慰。四十一年，轉任陸軍軍官第五戰鬥團隊長，駐節金門前線，枕戈待旦，以充先衛。四十二年，奉准假退役，並由行政院國軍退除役官兵輔導委員會輔導就業於大同合作農場任總務主任，嗣調任直屬隊長。四十七年，復經特考，轉任苗栗縣稅捐處稅務員，任職期間，負責盡職，迭獲財政廳記功嘉獎。六十五年，奉准退休，退休之日，苗栗縣稅捐處長林公秉衍特贈刻「匡助良多」派克鋼筆一枝，該處同寅設宴餞別，依依不捨，先君深以爲榮。

退休以後，十餘年來，隱居竹南，假日誕辰，余兄弟三人，每率同妻兒前往團聚，共叙天倫，先君深以爲慰。七十六年冬，初以攝護腺腫大，赴臺北榮民總醫院診治，醫斷爲攝護腺癌，自此以後，身體日漸消瘦，復罹糖尿症，疾愈惡化。舍妹細妹五歲時未隨先君來臺，獨留大陸，先君時以爲念，適政府開放大陸同胞來臺探親，不肖新雄爲達成先君之願望，得摯友香港浸會學院中文系主任左松超博士之助，受聘爲該院中文系客座首席講師二年，赴港講學，居間接應，舍妹乃得順利來臺，與先君團叙，相處兩月，情極融洽。先君精神愉快，病亦稍減，今歲十月，復罹肺炎，漸卻飲食，體力日衰，初就頭份礦工醫院診治，肺炎雖癒，排尿又告困難，乃移台中榮總醫院治療，延至十一月十一日，肺炎復發，呼吸困難，經兩日急救，終以心肺衰竭，於民國七十九年十一月十二日晚十時三十分病逝臺中榮總醫院加護病房，距生於民前一年十月十八日，享壽八十，兩閱月來，余兄弟夫婦輪流奉侍湯藥，淸理便尿，溫言奉慰，以博歡心，而昊天罔極，醫藥罔效，風樹之哀，曷其有已。先君生性至孝，事先祖母非僅盡口體之養，尤能順意承志，以博色笑。家母太夫人李育淸女士，即先祖母指腹爲婚，而相親相愛，以至白首。母親雖未受教育，然事夫育子，勤儉持家，操作勞苦，來臺之初，先君軍人待遇，月薪微薄，余兄弟三人敎育費皆家母闢荒種菜，飼豬餵雞，以給費用。先君臥病二年，余兄弟任職在外，早晚護侍，皆母氏獨任其勞。住院之日，衣不解帶，日夜相陪，溫言勸慰。子四人，長不肖新雄、次不肖新賢、三不肖新豪、幼新傑，早夭。女四人，長雪女、次妹妹、三月華、季細妹，除季妹留大陸外，餘皆早夭。先君於子女教育素所關心，來臺之初，以陸君少校月俸不及百元新臺幣，維持一家五口生活，已感拮据，何有餘力送子女就學？當日同時來臺者，官階比先君高，月俸較先君厚，卻令其子女輟學，彼等子女，或爲學徒，或爲工役，比比皆是，然先君不顧一切困難，使余兄弟繼續升學，卒完成高等教育。今不肖新雄國立臺灣師範大學文學博士，任國立臺灣師範大學國文研究所教授二十餘年，並歷任國內文化大學、東吳大學、政治大學、輔仁大學、淡江大學、高雄師範大學；國外美國喬治城大學、香港浸會學院、香港中文大學、香港珠海書院、香港新亞研究所等教職，栽成桃李，已難計數，其出任文學院長、研究所長、系主任者亦不乏其人。妻葉詠琍中國文化大學文學碩士、美國馬里蘭大學教育專士、文化大學教授，擅長兒童文學。子二人，昌華、昌蕲，女二人，逸菲、逸蘭，今均在美留學。不肖新賢國立藝專畢業後，郵政高級業務員特考及格，並獲考選進入美國郵政管理學院進修，歷任卓蘭、新埔、大溪、楊梅郵局局長，臺灣中區郵政管理局供應科科長、秘書室主任，今任臺灣中區郵政管理局業務管理科科長，任事負責，屢獲上級嘉許。妻溫靜，畢業高級商校，現任職臺灣中區郵政管理局。子昌薰，留學加拿大。女昌蕙，留學美國。不肖新豪海軍官校，海軍工程學院畢業，以海軍中校退役後，旋入美國麻省理工學院研修，歷任中國鋼鐵公司工程師、動力工場主任，今任中國鋼鐵公司公用設施工程處長兼環保工程處長，任事精敏，深得主管器重。妻劉凱枝畢業於高級水產學校，今任職國泰仁壽公司。子昌蔚，中正理工學院三年級。女君如，東海大學生物系畢業，今任職臺灣大學生理研究所爲研究助理。舍妹細妹今留大陸，未受教育，業農，適同縣李志成，嘗爲小學教員，今爲個體農戶。子一人明鴻，中學就讀。女四人，明蘭、明英、明芬、遠親，均在大陸。

嗚呼！綜觀先君一生，自先祖棄養，即一門孤寡，處境至艱，幸賴先祖母毅然肩負保家育子之責，先君乃能完成學業，服務社會，前後服務軍警財稅各界，歷四十餘年，雖無赫赫功勳，然任事負責，竭盡其力，報效國家，卓著賢聲。

而教育子女，尤費心力，余兄弟三人，得有今日，略能爲國家獻其綿薄者，皆父母教養之力也。子欲養而親不在，樹欲靜而風不止，皋魚之悲，曷其有已。今述先君事略如此，庶幾天下後世之欲立言而與人爲善者，或有取焉。

中華民國七十九年十一月十八日歲次庚午十月十三日

孤子新雄新賢新豪泣血謹述

祭父文

惟中華民國七十九年十一月二十九日夏曆十月十三日，未亡人李育清率子新雄新賢新豪暨媳婦孫兒孫女敬謹以清酒素饈香花鮮果之奠，恭祭於先夫清華夫君之靈曰：

嗚呼哀哉，清華夫君。與子結褵，七十餘春。中雖阻隔，不久仍因。幼而向學，頭角嶙嶙。長而治事，善理紛紜。誨我道理，敎我彝倫。事親以孝，遠近咸聞。母氏神聖，定省晨昏。口體奉養，色笑言溫。周恤鄉黨，族誼彌惇。其有匱乏，自應推恩。其遇喪葬，悼亡慰存。八年抗戰，爲國勞神。死生契闊，婦不敢瞋。下撫諸子，上事慈親。凱歸重聚，闔第含嚬。不旋踵間，傾乾覆坤。洪流神州，火爇崑崙。群妖競逐，戴月星奔。倉皇渡海，東走臺員。君職眷管，諸事紛紛。夜分造冊，眷補方臻。軍眷既安，士氣乃殷。登步一役，初遏妖氛。捷報傳來，眷區歡欣。諸兒在臺，遣赴黌門。月薪菲薄，何以濟貧。闢荒種菜，飼養雞豚。藉助學費，化育依仁。子昔然之，敢辭苦辛。屆齡退休。歲月悠悠。諸兒學成，天倫樂哀。兒賢孫慧，尚復何求。如何不弔。二豎肆暴。病榻呻吟，兩月誰告。三兒與媳，輪流照料。奉侍湯藥，清理便尿。旁人讚羨，咸稱子孝。君亦足慰，逝宜含笑。嗚呼哀哉，從今以後。問暖噓寒，更有誰某。君死我衰，身如土偶。同穴之期，固應不久。長相別矣，來饗清酒。諸子在前，各令叩首。其有話言，亦令稟叩。雄兒叩頭，大人臨聽。兒方六歲，罹病匪輕。抱之懷之，夙夜匪寧。劬勞之恩，思之淚傾。來臺之初，四壁空虛。大人睿識，令兒讀書。其有今日，允父宏謨。兒得博士。父心最喜。盛宴戚友，大備甘旨。季妹在鄉。思之斷腸。父曰雄兒，曷使願償。余請赴港，居間贊襄。迎妹來臺，免父懸望。講學歸來，已病在床。兒來則喜，未見神傷。侍奉湯藥，兩月悠長。侍父子責，理所應當。如何昊天，亦竟無良。奪我所天，淚已浪浪。身後哀榮，未敢或忘。校長主禮，友生助喪。哀思著錄，庶幾留芳。音容已渺，何慰於亡。嗚呼哀哉，英靈來嘗。賢兒來前。淚已漣漣。哀聲大作，搶地呼天。長兒在南，侍病當肩。兩載以來，聞電即旋。或爲取藥，或請醫遷。送院療診，病榻纏綿。痛在兒心，侍疾少眠。如今撒手，哀痛常塡。嗚呼不已，哀哉何言。父其有靈，來享豆籩。豪兒來至，不勝含悲。噙淚相許，奉厝攸宜。澄淸湖畔，碧水之涯。軍人公墓，國祭按期。母氏體衰，迎養不離。距父靈墓，往不逾時。春秋佳日，相聚可持。兒媳賢孝，父所素知。兄長定省，悅色相陪。父其聞之，應可開頤。嗚呼哀哉，尙饗。

簡明訓詁學增訂本綴言

吾友仲寶吳璵教授，一日出安徽大學中文系副教授白兆麟先生新著《簡明訓詁學增訂稿本》相示，並語余曰：「白君乃佛千先生甥婿，其增訂本即將刊行，原擬懇先師瑞安林景伊先生賜撰一評介文字。」奈先師棄世，於今八載，先師之言，既不可求，白君之願，亦不可乖。仲寶因囑余曰：「黽勉一試，何如？」

嗚呼！余從先師受業廿有七載，稟承欲達詁訓，先明聲韻之理，故二十餘年來，孜孜汲汲者，皆在於聲韻之探研，雖亦於上庠勉任訓詁教學，然深感訓詁之博大精深，非余淺識，得窺藩籬也。蓋非嫻習經史，則不能索其源；非詳審音韻，則不能究其變；非明辨字形，則不能推其本；非通語法，則不能切其義；非熟諳詞匯，則不能尋其緒。故雖戰戰兢兢，臨深履薄，除默守師說外，實無絲毫贊益於斯學也。

今觀白君之著，於訓詁之意義與性質、任務與發展、內容與方法、體式與運用各端，皆能綱舉目張，引據詳贍，論述精當，而於檢閱古籍所生之障礙，則又條分縷析，例證確鑿，非博考載籍，曷克臻此。論及訓詁專著，於《爾雅》、《方言》、《說文》、《釋名》諸書，皆能釋其名義、詳其編旨、明其內容、擷其條例、論其得失、考其傳承。是若非詳究原書，尋其脈絡，何能提要鉤玄，得其驪珠。言及經籍舊注，則自詩詁訓傳以降，擇要叙述，雖或因襲舊說，亦有獨得之見。若夫論訓詁之夙弊，及考義之新法。則又推陳出新，論述綦當。卒言基本原則，節目鱗次，用語統一。鱗次則井然有序，統一則言之有物，書爲增訂，較之舊本，又增四章，益見周密，詞言整齊，刪汰繁富。而尤可貴者，學承章黃之緒，而不囿其藩籬，能掩諸家之長，而又不失其正，書中亦採先師之說，啜漓揚波，昌明其學，讀後感配無旣，豈以淺識，敢妄評介，捫燭扣盤，無當宏旨，故曰綴言云爾。

中華民國八十年元月二日夏曆庚午十一月十七日

陳新雄綴於臺北市和平東路鍥不舍齋

聲韻論叢序

蓋聞學術乃公器，豈個人所得專，是非有公論，寧一己所能定。我中華民國臺灣聲韻學界四十年來，人才輩出，後浪推前浪，新枝倚舊枝，各埋首案頭，孜孜不息，覃思音學，繩繩不已。或踵前修之步武，或擷西學之菁華，或探方言之歧分，或披聲情之條貫，莫不持之有故，言之成理，條理密察，斐然成章。〈學記〉有言：「獨學而無友，則孤陋而寡聞。」蓋人常善於自見，每以所長，相輕所短，所謂家有敝帚，享之千金者是也。設無討論，則是非何定？得失何從乎？

所可喜者，今世之聲韻學者，胸襟開闊，器量寬宏，戒門戶學派之私心，祛私見而從公論，雖不抑己以從人，但亦不抑人以自高，各就理之所在，相與切磋，所論者乃以理服人，非以氣陵人也。爭持固所不免，詞言則貴平和，故八年以來，皆能雍雍穆穆，藹藹融融，聚師友於一堂，鎔衆說於一爐，論學各有所專精，論理則宜斷之以是非。西諺云：「吾愛吾師，吾更愛眞理。」其斯之謂乎！

我中華民國聲韻學會之創立也，初則由余邀約同道相互研討，繼則由各校輪流舉辦，亦講亦評。自七十一年四月第一次研討會議以來，迄七十九年三月爲止，已前後舉行八次會議，發表論文六十餘篇，會友僉議，應彙集論文，刊行專集，因共商出版《聲韻論叢》，以彙集歷年來會友智慧結晶，研究成果，就教於海內外聲韻學專家學者，以求指正。俾中國聲韻學之學術研究，發揮更大之影響力，獲得更佳之研究成果。

本冊所集爲中國聲韻學國際學術研討會暨第八屆中國聲韻學研討會所發表論文，共計十八篇，本次會議由輔仁大學中文系所主辦，中華民國聲韻學會協辦，輔大包根第所長及黃湘陽、金周生、李添富諸教授協力同心，黽勉從事，使會議圓滿成功，謹此致謝，而此次會議所以能按期舉行，《論叢》能順利出版，教育部與文建會補助款項，裨益尤大，謹代表本會敬致謝忱。本會自七十七年七月十一日正式奉准成立以來，蒙會友推愛，舉爲理事長，兩年來應聘赴香港浸會學院任教，出國講學，會務推動，皆秘書長林炯陽博士與理監事會諸君子共同努力，會中事務，因未弛廢，個人內心，尤爲銘感。《論叢》之編輯，則本會理事姚榮松、何大安二位年輕學人，最著賢勞。臺灣學生書局秉其一貫贊助學術發展之立場，協助出版發行，尤爲不可或缺之助力，允宜致謝。本集所刊論文內容，竺家寧博士〈中國聲韻學國際學術研討會紀要〉一文，已詳加評述，故收入爲附錄，藉資參考。第八屆會議以前各屆論文，則彙刊於《聲韻論叢》一、二輯中，亦將賡續刊行，特爲讀者諸君告。雲程萬里，欣見發軔，故樂爲之序。

中華民國八十年二月一日陳新雄伯元謹序

先妣事略

先妣陳母李太夫人諱育清，生於民國二年六月八日，考李明仁公，妣吳氏，世居江西省贛縣王富鄉李屋坳，後遷居王富墟上，經營茶肆，先王母每逢趕集上墟，即歇足於先外祖茶肆，因與先外祖母熟稔，情誼篤好。先君之生，彌月之慶，先王母大宴賓客，先外祖母亦趨慶賀，而身懷先妣，先王母因指腹爲婚，翌年先妣生，遂憑父母之命，與先君結爲夫婦。先妣幼年即歸先君，竹馬青梅，感情彌篤。事姑至孝，余家處深山僻壤，離市集遙遠，先妣與先君每隔兩三日必躬赴市集，採購先王母喜食之物，先君因抗日戡亂，多任職於外，在家日少，則由先妣獨任其事，先王母喜以牛肉佐餐，則每餐必供牛肉，時易烹調方法，變更口味，使長食而不厭，先王母年登耄耋，終其一生，嗜食牛肉如初，其他補品，亦供應無闕，是故先王母晚年極爲歡樂，婆媳之間，親如母女，和樂融洽，未聞勃谿，鄉里咸稱賢孝焉。

余家業農，在鄉之日，先妣出則下田操作，入則入廚烹飪，煮飯洗衣，操持家務，任其勞苦，曾無怨言，而於先君唯命是從，先君性豪愛客，時時賓客盈門，先妣整治酒菜，以享嘉賓，待賓退盡，始克盡食，自幼至老，未嘗改易。來臺之初，先君服務軍旅，月薪微薄，不滿臺幣百元，爲供余兄弟就學，先妣闢荒種菜，飼豬餵雞，以給學費，求學期間，居處距學校遙遠，往返通學，乘坐火車，時家無鐘錶，先妣每天未曉，摸黑起床，準備早餐與便當，夜幕低垂，則倚閭以望，歸則水熱入盆，飯熟就桌，潔身飽腹，始有充分時間準備課業，故余兄弟乃有今日。鞠育劬勞，教養長成，親恩深厚，未報萬一，思之悽愴，不勝哀戚。

先妣雖未受教育，然相夫育子，勤儉治家，備極勞瘁。先君嘗言：其能廁跡儒林，獻身黨國，兼使兒輩學業有成，先妣匡助之力獨多。先妣於余兄弟備極關愛，而曾無要求，每回歸省，猶復大備佳餚，惟恐不足。余兄弟婚後，子女次第出生，先妣見吾等經驗不足，照料費力，或前往各人住處協助照顧，或攜歸養教，故諸孫與祖母感情深厚，祖孫相處，極爲親密。

先妣身體素健，晚年雖血壓略高，然遵醫服藥，亦無大礙。惟先君卜居竹南，退休之後，不欲遠離其同僚好友，余兄弟雖欲迎養，亦未應允。先君晚年得攝護腺癌與糖尿病，臥病兩年，余兄弟任職於外，早晚護侍，一任飲食，先妣獨任其勞。先君住院兩月，先妣更衣不解帶，日夜相陪，服侍湯藥，溫言勸慰。去歲十一月先君棄養，先妣哀戚逾恆，因遷離竹南，移至高雄，與不肖新豪同住，正慶母氏卸卻仔肩，兒輩可略盡子職，以菽水承歡，少報春暉於萬一。詎料住未一月，旋咳嗽不止，送醫診治，透視照像，肺生腫瘤，疑似肺癌，併發肋膜炎，胸腔積水，因於民國七十九年十二月二十四日，住入高雄榮民總醫院就治，初尚飲食如恆，氣色亦佳，不料診斷期間，因服藥太多，引發心肌梗塞疾病，病況急轉直下，右胸與肩背劇痛難忍，施以止痛藥劑，則昏睡整日，醒後復痛，止痛則睡，反復循環，日卻飲食，延至民國八十年二月二十五日下午三時十分，終以心肺衰竭，群醫東手，與世長辭，享受七十九歲。育子三人，長不肖新雄，國立臺灣師範大學文學博士，任國立臺灣師範大學國文系所教授二十餘年，並列任國內文化大學、東吳大學、政治大學、輔仁大學、淡江大學、高雄師範大學；國外美國喬治城大學、香港浸會學學院、香港中文大學、香港珠海大學、香港新亞研究所等教職，裁成弟子，遍及學界。其出任文學院長、研究所長、系主任者，亦不乏其人。妻葉詠琍中國文化大學文學碩士，美國馬里蘭大學教育專士，文化大學教授，擅長兒童文學。子二人，昌華、昌蘄，女二人，逸菲、逸蘭，今均留學美國。次不肖新賢，國立藝專畢業後，郵局高級業務員特考及格，考選入美國郵政管理學院進修，歷任卓蘭、新埔、大溪、楊梅郵政局局長、臺灣中區郵政管理局供應科科長、秘書室主任、今任臺灣中區郵政管理局業務管理科科長，任事負責，屢獲上級嘉許，妻溫靜，畢業高級商校，現任職臺灣中區郵政管理局，子昌薰，留學加拿大，女昌蕙，留學美國。三不肖新豪，海軍官校、海軍工程學院畢業，曾任海軍造船廠工程師、工場主任、機械群主住、監修科科長，以海軍中校退役後，旋入美國麻省理工學院研修。歷任中國鋼鐵公司公用設施工程處長兼環保工程處長，任事精敏，深得主管器重。妻劉凱枝畢業高雄海事專科學校，曾服務於海軍造船廠及中鋼公司，今任職國泰人壽公司，子昌蔚，中正理工學院三年級，女君如，東海大學生物系優等畢業，今任職臺灣大學生理研究助理。先妣育女四人，長雪女、次妹妹、三月華皆早夭，季細妹，五歲時未隨先君來臺，獨留大陸。先君先妣，時以爲念，適政府開放大陸同胞來臺探親，不肖新雄，爲達成雙親生前願望，得摯友香港浸會學院中文系主任左松超博士之助，赴港講學，居間接應，舍妹遂於七十八年春順利來臺，與雙親團敘，得了夙願，相處兩月，情極融洽。今返大陸，未受教育，在家務農。適同縣李志成，嘗任小學教員，今爲個體農戶。子一人明鴻，中學就讀，女四人，明蘭、明英、明芬、遠親均在大陸。

嗚呼！先妣隨先君來臺，悠悠四十餘年，事夫教子，勤儉持家，甘推夫與子，苦則常自茹，夙興夜寐，幾無寧息，今棘成薪，而凱風吹盡，子雖欲養，而親已不待。半年之內，迭喪考妣，風樹之哀，曷其有已，讀蓼莪以增悲，誦南陔而永歎。嗚呼蒼天，曷其罔極。

中華民國八十年二月二十八日歲次辛未正月十四日

孤哀子新雄、新賢、新豪謹述

祭母文

維中華民國八十年三月十七日，歲次辛未二月初二日，孤哀子新雄、新賢、新豪率同妻子兒女謹以清酒素饈香花鮮果之奠，恭祭於母親大人之靈而哭之以文曰：

嗚呼哀哉！母親大人。幼歸先君。淑愼其身。臨事以勤。奉姑盡孝，順夫無瞋。生兒育女，百憂勞神。勤儉持家，不間晨昏。妯娌相處，和睦俱欣。昔在鄉里，賢聲遠聞。揭來臺灣。生活維艱。父在軍旅，俸薄薪寒。三餐靡足，殊堪浩歎。父曰諸兒，學不容荒。學費無著，母氏獨當。含辛茹苦，墾地闢場。挑糞種菜，飼豬以償。家無鐘錶，時間茫茫。每天未曉，昏黑起床。治營早膳，復備餱糧。夜幕低垂，倚閭相望。兒輩歸來，盆沐熱湯。菜已就桌，飽腹裏賜。潔身足食，課業方將。鞠育劬勞，慈恩難忘。春暉浩浩，未報一芒。如何奄忽，思之淒涼。緣母營營。兒學乃成。婚姻既畢，子女次生。母慮兒曹，未諳育嬰。乃往助之，庶幾安寧。祖慈孫幼，深洽親情。祖孫相依，益見溫馨。父居竹南，難舍友朋。退休之後，不欲移更。兒曹迎養，亦不願聽。服侍之勞，母身自承。晚攖疾病，尤感勞形。父病住院，舉家折騰。母氏勞瘁，罄竹難勝。衣不解帶，日夜相仍。溫言勸慰，靡刻不憑。父既棄養，母悲逾恆。念茲在茲，無日不稱。幸卸仔肩，移居高雄。庶盡子職，菽水攸同。兒稟母親，兩岸既通。苟願還鄉，兒輩相從。母聞欣然，態若春融。章貢二水，崆峒之峰。俯仰翱翔，計日可逢。如何昊天，爲德不終。二豎肆虐，歸夢竟空。嗚呼哀哉！母親來臺，四十餘年。事夫敎子，辛苦在肩。甘推夫子，苦獨自煎。夙興夜寐，長年少閑。今棘成薪，凱風寂然。兒雖欲養，親已先遷。風樹之哀，何時可彌。蓼莪心悲，南陔淚漣。嗚呼蒼天，曷其無邊。嗚呼母親，今遵遺言。葬燕巢岡，三信墓園。群峰環抱，氣象萬千。與父同塚，相守相憐。太平還鄉，祖墳之前。更覓佳地，重表新阡。倘其不爾，請此長眠。魂其有靈，來饗豆籩。嗚呼哀哉！尙饗。

古代漢語詞源研究論衡序

今之學者每賤古而貴今，鄙近而崇遠，其談論所出，則廢視而任聽，騖洋而遺本。論及詞源，知瑞典高本漢之漢語詞類也，同源字詞也；論及音韻，知高氏之三十五部也，上古韻尾多閉塞輔音也，複合聲母也。而於餘杭章太炎《文始》、《新方言》、《國故論衡》固瞠目不知所以，於〈成均圖〉二十三部音準，則尤相驚伯有。姚生榮松，畢業臺灣師範大學，篤好音韻、詞源之學，碩士、博士論文皆余所指導，所爲論文，已蜚聲學界，猶懼抱殘守闕之譏，及兩度負笈新大陸，登美國康乃爾、哈佛諸學府之堂，專修語言，以博見聞，歸國之後，埋首詞源理論研究，七載案頭，孜孜不息，探前修之遺緒，擷西學之精華，撰成《古代漢語詞源研究論衡》一書，而問序於余。

余觀其書，論詞源與字源之差異則謂：初文獨體之字源，乃字形確立後之產物，詞源則宜溯古初語言與文字相繫之前，界義明確，觀念清晰，其言傳統詞源學說，則自釋名以至文始，諸凡推因、右文、轉語、語根因聲求義之論，鉅細靡遺，均加評述。餘杭章君《文始》一書，乃我國以詞源理論，與實際例證互相結合首創之作，故於作者之學術淵源，撰述之背景動機，《文始》之體制，敘例之疏釋，〈成均圖〉音轉之規範，變易孳乳繁衍之條例，莫不原原本本，闡述流變，其於《文始》詞源之理論，既尋究其特色，亦檢討其得失，不盲從以附和，亦不妄加譏斥，章君言音義相讎謂之變易，義自音衍謂之孳乳，言簡而意賅，後學未達神恉，或致紕繆，榮松爬羅剔抉，刮垢磨光，以絜度是非，論議平允，不失學人論學風範，至堪嘉許；終則綜合近人詞源諸作，與《文始》相考校，指出《文始》於詞源學上之地位，及今後研尋詞源之科學途徑。

縱觀全書，能充分掌握資料，而作精密分析，結構嚴緊，體大思精，此書之成，實爲我國一部詞源學之專著，足與章太炎《文始》、王了一《同源字典》鼎足而三，非深於語言、文字、音韻、訓詁之學者莫能爲也，余嘉榮松英年有爲，勤劬不息，斐然成章，因爲序言以歸之。

中華民國八十年五月五日

陳新雄序於臺北市和平東路二段鍥不舍齋

聲韻論叢第四輯弁言

去歲聲韻論叢第三輯出版，公之我全體會員同道之前，並就教於海內外專家學者，未及一載，第四輯又將出版，余不能已於言者，憶聲韻學會自發軔以至今日，瞬屆十載，十載以來，本會會員日以增多，昔人之視爲天書者，今則聚衆友於一堂，相互討論，情緒日趨熱烈，環視各科，尚無其比，近年以來，青年學人，日益增多，相互切磋，興味盎然，每次集會，常苦其短，時有未盡所言之感，由此觀之，則聲韻學之將振興也必矣。

抑又有言，去歲研討會中，衆皆訝異，余何以對孔生仲溫論難如此其苛也，盤問如此其詳也。蓋學術之前，惟有公義，不及私情，雖師生之篤於恩義，而於學術是非猶不可不論也。荀卿子曰：「是是非非謂之知，非是是非謂之愚。」又曰：「是謂是非謂非曰直。」吾人寧呢訾慄斯以愚人乎！抑正言不諱以明道乎！所可喜者，孔生非特不以此而遷怒，而能深自反省，立言益加謹愼，而能有所樹立，則可謂盡琢磨之道也。

獨學而無友，固孤陋而寡聞，若知而不言，言而不盡，則與無友而獨學者何以異乎？凡我會友，均應有容人之雅量，亦應有服善之胸懷，則假以歲月，往昔之所謂門戶之見者自去矣。蓋尺有所短，寸有所長，取長補短，固得其宜也。近年以來，會友之中，外文系入會者漸衆，以言傳統聲韻文字之根基深厚，則中文系之所長，以言近世歐美語言學理，則外文系爲勝，二者相激相盪，長短相成，正中國聲韻學發皇之良機也。

本輯中共收陳新雄、孔仲溫、竺家寧、雲惟利、金鐘讚、黃坤堯、吳世畯、耿志堅、朴萬圭、林慶勳、鍾榮富、殷允美、張雙慶、謝雲飛、曾榮汾等本屆發表之論文十五篇，另加丁邦新先生一文，本應收於第三輯，因連絡不及而失收，今補收於此輯，俾全其完璧也。至於各篇論文之內容以及討論之詳情，董忠司博士〈第九屆全國聲韻學研討會紀要〉一文，敘述翔實，因附於本輯之末，以爲附錄，藉供參考。

中華民國八十一年元月二十一日

陳新雄伯元謹述於臺北市和平東路鍥不舍齋

聲經韻緯求古音表序

民國四十八年春，余肄業國立臺灣師範大學國文系四年級，先師林景伊先生任訓詁學，因道及蘄春黃季剛先生之古韻學說，謂黃君昔有一《聲經韻緯求古音表》，至爲適用，僅須將《廣韻》各韻之切語上下字塡入表中，則何韻爲古本韻，何韻爲今變韻，即可一覽而析，並謂已將該表帶來臺灣，惟擱置在某一篋笥之中，一時難以尋覓，因詳爲剖析該表之規格，令余著手試製之。余奉命後，以一週時間，繪製圖表，並將《廣韻》切語塡入表中，黃君古本音二十八部，遂應表而出，因持以示先師，先師閱後欣喜異常，謂余所製表，較之黃君原表，尤覺淸晰，遂即電其早年學生朱君伯舜，因朱君自開印刷廠，乃令即時按表付印一千份，斯乃今日此表之由來也。迨此表印就，先師乃令將《廣韻》切語重新塡入表中，並爲我詳細批改，今原件猶存也。

不久，驪歌高唱，余亦自師大卒業矣，而先師謂下學期起擬推薦我往東吳大學中文系任教聲韻學，余聞而悚然，初不敢應允，先師乃婉轉解說，由於余能根據先師指示而製成此表，故有絕對信心，深信余於聲韻學，已有相當瞭解，故乃敢推薦我前往任課，若無絕對把握，亦不敢貿然推薦前往也，因訓誨應先作準備，則自可無懼，旋東吳大學中文系系主任洪陸東先生即親自將兼任講師聘書送達余手，其時余年方二十有四，從此即與聲韻學結不解之緣矣。

其後先師任各大學中文研究所「廣韻研究」，亦令諸生塡寫此表，以加強瞭解，使用者漸衆，前所印表，不敷應用，因令余商請學生書局重印，並裝訂成冊，以利攜帶。當時先師指示著者一欄，自應塡我，而余竊思維，表雖由我所製，倘非先師指點，余亦無能爲也，何敢掠美！堅請由先師具名，先師辭而不得，乃謂版稅絕不領取，態度堅決。余因請曰：「先生若不願領取稿費，可由學生書局撥付，以充作先生獎學金之基金。」此事學生書局諸先生皆知其詳者也。

今學生書局初版亦已用罄，因商之於余，加以重印，惟舊有版面，過於寬大，不利攜帶，因重新改版，縮減體積，而於表格內容，欄位大小固無異動也。改版既成，學生書局盼余略著數言，誌其緣起。爲俾用者更爲方便，因於表前附列塡表注意事項，並將拙稿〈今本《廣韻》切語下字系聯〉一文，附錄於後，以利塡表時之參考云耳。斯爲序。

中華民國八十一年二月十五日

陳新雄序於臺北市和平東路二段鍥不舍齋

聲韻學會通訊發刊辭

中華民國聲韻學會成立已十週年，並且已舉行十次學術研討會，其間尚兼辦兩次國際學術會議，歷次會議發表之論文，均彙集於《聲韻論叢》前四集，爾後仍將賡續發刊，則會員研究之成果，均可就正於世人，與當代之中外聲韻學者，相切相磋，以收相激相盪之效，然論文集中所收者，皆爲會員心血結晶，而於各次研討會之活動訊息，及與世界學術交流之情況，仍乏詳盡之報導，本會會員何大安先生有鑒於此，乃提議籌辦本會通訊，以報導會員學術活動，及世界學術訊息爲主，意見良佳，深獲本會理監事之同感，因而一致贊同通過，此本會會員通訊之所由來也。

學會通訊第一期，因屬草創，體例初定，以會議報導、學界動態、論文出版三項專題爲主，在會議報導方面，收錄有第二屆國際聲韻學學術研討會紀要，由孔仲溫博士報導，本次大會適逢本會成立十週年，因擴大舉行，承國立中山大學林基源校長、文學院長鮑國順院長、中文系主任兼中文研究所長徐漢昌教授大力支持，而本會理事孔仲溫先生之費心策畫，邀請學者遍及歐亞美各洲，而大陸聲韻學人首次來臺參加，增進兩岸聲韻學學術交流，促進彼此之瞭解，乃劃時代之創舉，尤值大書特書者也。以及上屆中國聲韻學研討會紀要由本會會員董忠司先報筆報導，董君於聲韻學用力甚勤，後生可畏者，正指董君輩而言也。去歲十一月，華中理工大學舉辦漢語言學國際學術研討會，臺灣學人參加者，計有黃文範、吳疊彬、董忠司、耿志堅、孔仲溫、李添富以及本人，此次大會實爲賡續一九九零年六月，余在香港浸會學院任敎時與系主任左松超博士聯合舉辦「中國聲韻學會國際學術會議」之後續會議，兩岸學人相聚甚歡，當時余嘗塡〈畫堂春〉詞一闋以紀其盛。茲錄於後：

乘風萬里踏清波。漢川岸，共研磨。論音析韻語如梭。相對聆聲歌。　藹藹群峰聳翠，洋洋流水齊和。匆匆三日聚無多。來歲渡黃河。

大陸韻韻學會祕書長陳振寰敎授並有和作，其和詞云：

東風送槳跨淸波。水如帶，歲如梭。恩愁底事費消磨。兄弟且歡歌。　歷歷晴川獻翠，萋萋芳草應和。黃鶴樓頭笑聲多。把臂話山河。

本會會員李添富博士以其流暢之筆調記載此次會議之詳

情，實爲歷史留存一段眞實之紀錄。

中國聲韻學會研討會述評一文，爲陳振寰教授對一九九零年在香港浸會學院所舉辦中國聲韻學國際會議實況之報導，因爲此次會議爲兩岸聲韻學者第一次聚首研討，故值得大書特書，亦爲中國學術界之一件大事，陳文對與會者論文皆有所評述，故會訊轉載，可令會員瞭解學術交流，實爲兩岸學人之共同願望，今後更爲吾人推動之目標。

徐芳敏博士第二屆中國境內語言暨語言學國際研討會紀要一文，爲報導中央研究院國際學術活動中心，所舉行之學術會議內容，其內容雖不純爲漢語音韻，但皆與音韻有關，於中國聲韻學之研究皆有助益。論文發表人如龔煌城、何大安以及紀要撰述者徐芳敏皆本會會員，其記述詳情自可供本會會員研究之參考，故亦樂爲之轉載，以介紹於本會會員。

本會會員與理監事分散國內外各地，相聚不易，故一切籌辦發刊事宜，多委由姚理事榮松擘劃，故通訊之得以問世，公諸會員與世人，姚君榮松實最著賢勞，學術動態、論文出版各欄報導，皆由姚君一手收集資料完成，謹代表聲韻學會全體會員敬致萬分感謝之意。

本人蒙全體會員之錯愛，推爲本會理事長，光陰荏苒，四載任期，瞬將屆滿，聊可向會員諸君告慰者，聲韻學學術大會每年舉行，從未延誤，會員論文彙集成冊，亦已刊行至四期，學會通訊首期亦告發行，一切均如會友之願，次第推行，此非余一人之能力，乃我會全體會員群策群力之效也。而祕書長林炯陽博士襄贊會務推行。厥功最偉，特爲表揚，爲我全體會友告也。

本會會員前常務理事丁邦新院士胸襟開闊，捐棄門戶之見，彼此相互提攜，相互惕厲，本會有今日之發展，含容全國之專家學者，丁先生之協助，亟爲重要，特藉此表達余內心之感謝，今後本會會務更能駕越以往，開創益加燦爛之前景，餘杭章太炎先生嘗曰：「前修未密，後出轉精。」余於本會之未來發展，謹提出章先生之言，殷相期許。

中華民國八十一年五月十二日

陳新雄謹述於臺北市和平東路鍥不舍齋

祭王母吳太夫人文

維

中華民國八十一年七月二十五日治喪委員會主任委員王熙元率全體治喪委員謹以花果素饈之奠，致祭於王母吳太夫人之靈前而祭之以文曰：

嗚呼哀哉！懿歟夫人。維嶽降神。嵩山之麓，洛水之濱。靈山秀水，鳳祥集身。乃誕英特，毓鍾太君。許字王家，遂結婚姻。事親至孝，百斥無瞋。晨興夜寐，凡事劬勤。無悔無怨，人慰含嚬。天生懿德，譽滿鄉鄰。衆稱賢孝，咸懷其仁。

倭難既作，夫子從軍。從茲一別，未見夫君。家事萬端，猥集紛紜。夫人無畏，執競披紛。敎兒從戎，衛國忘身。育其幼女，如寶如珍。母女相依，朝夕相因。無何禍起，赤焰燐燐。欺此孤弱，備嘗苦辛。免受淩弱，攜女夜奔。自豫至陝，跋嶺臨津。顛簸者再，南嶽方臻。與兒相會，恍若隔塵。抱頭痛哭，涕淚横陳。大陸失守，盡喪陵阜。軍民逃竄，四向奔走。撤退來臺，百無一有。兒在軍旅，薪何薄陋。如何養家，維此數口。母氏奮起，力持箕帚。鋤荒種菜，力出田畝。飼養雞鴨，悉憑雙手。克勤克儉，遂得日久。母曰冬珍，學不可苟。張羅學費，學遂以就。

令子從戎。振翼長空。臺海安然，夙著勳功。令嬡執教，享譽黌宮。莘莘學子，樂樂融融。善教善養，母氏攸崇。衆所感激，思念何窮。兒女有成，聊可歇征。篤信佛教，禮佛誦經。廣積善緣，淸德風馨。嗚呼哀哉！無疾無憂，得享遐齡。如何否剝，百藥無靈。奪此善人，家失依憑。嗚呼哀哉！世失芳型。衆淚交盈。嗚呼哀哉！哀自天傾。悲來塡膺。呼聲搶地，悲痛何京。聞我呼聲。來享其醽。嗚呼哀哉！尙饗。

晚唐律體詩用韻通轉之研究序

民國五十九年，余獲文學博士學位之翌年，蒙高郵高仲華師之薦引，王靜芝主任之敦聘，任教於輔仁大學中文系所，李君添富從大一開始，即從余受語音學，其後絡續從余受文字學、聲韻學、訓詁學，及入研究所也，復從余受古韻源流，並在余指導下，完成碩士論文《晚唐律體詩用韻通轉之研究》一文，其後考取師大博士班，又從余受中國文字研究與詩經研究，並在余指導之下，完成博士論文《韻會研究》。余講學上庠數十年來，從余學習課目之夥，研讀時間之久，尚無出李生之右者，此非特由於旨趣，亦復基於機遇。李生之於小學，孜孜不息，非僅專研於音韻，而亦及於文字與訓詁，近年任教輔仁大學，亦主講聲韻與訓詁，深受學生之愛戴，與學界之好評，故國立成功大學、國立臺南師範學院、私立東吳大學、私立淡江大學聞風而爭相致聘。

我國韻書始於魏李登聲類，而隋陸法言《切韻》則集南北朝韻書之大成，法言之撰述《切韻》也，實以賞知音爲手段，而達其廣文路之目的，由此可知，韻書之作，初始即爲撰述文辭而服務，故《切韻·序》曰：「凡有文藻，即須明聲韻。」然《切韻》之賞知音，則以論「南北是非古今通塞」爲標準，分析毫釐，辨及黍累，因其析辨精微，故屬文之士，乃苦苛細。故唐高宗時，遂有許敬宗等奏其韻窄者，許其合用。而今本《廣韻》乃有「獨用」、「同用」之注，皆緣於此者也。宋劉淵《壬子新刊禮部韻略》乃取其同用者而合併之，爲一百零七部，此即所謂平水韻也，亦今之詩韻所自出也。唐宋詩人之用韻多以《禮部韻略》及平水韻爲準，然音韻遷流，隨時變異，應試之文，拘守舊韻，莫敢或違，而私人吟詠，則未必謹守，偶爾違離，亦辭人之常也。

宋吳才老之《韻補》取唐宋詩人用韻之作，乃有通轉之注，據其所注，殆以古人通轉之範圍，限於九類，今《詩韻集成》每韻之下，所注古通某轉某之文，實濫觴於吳氏也；清邵子湘作《古今韻略》，不愜於吳才老之將撮脣、上舌、獨發三種鼻音韻尾混而無別，乃更釐分畛域，別爲通轉十類，則今《詩韻合璧》每韻之下所注通轉之所自出者也。

詩韻之通轉，本用之於古體，惟近體中之律絕首句，本非入韻，但亦可以入韻，因爲首句入韻，並非絕對必要，故詩人往往借用鄰韻，謂之「孤雁入群」格，後人稍作變通，將首句換成末句，謂之「孤雁出群」格，此例肇乎中唐，而晚唐始爲流行，至宋代乃成風氣，不僅此也，唐宋詩人以律詩四韻，乃以首聯與腹聯同韻，頷聯與末聯爲韻，謂之進退格。然其進退之間，亦非漫無限制，而有一定之界限，故欲窺唐宋人近體詩通轉之範圍，自以歸納詩人韻腳最爲可信，乃令李生添富撰述碩士論文，以研究晚唐律體詩用韻之通轉，李生聞命欣然，兩載鑽研，以爲晚唐詩人之通轉範圍，實與吳才老、邵子湘兩家所注通轉，皆不相合。晚唐詩人，律體用韻，極爲自由，方音相近，即可借用，不受韻書與科考之約束，尋其通轉之例證，可得語音變化之大要。其說於音韻之演進，通轉之理路，皆有所助益。今即將由文史哲出版社印行，公之同好，證之於世。李生問序於余，余樂爲之介說，而爲讀斯書者告也。

中華民國八十一年九月三十日

陳新雄序於臺北市和平東路鍥不舍齋

唐五代韻書集存跋

周燕孫祖謨教授《唐五代韻書集存》一書，爲當代彙集五代及敦煌韻書寫本最爲完整之總集之一，與姜亮夫《瀛涯敦煌韻輯》、潘重規師《瀛涯敦煌韻輯新編》鼎足而三，實爲當代韻書總集之中，最爲精審者，今將由臺灣學生書局刊行臺灣版，以利臺灣學術界之參考，學生書局印行有日，囑余撰一跋文，紀其刊行緣起。先生之書，非余淺學，所敢任綴蕪辭，然介紹先生音學造詣於臺灣聲韻學界，固其榮幸也，因徵之於先生，先生復函，以爲作跋繫後，文辭多多爲善，故乃不辭譾陋，略綴數言，其有玷辱先生之書者，尚乞海涵爲幸。

余自入師範大學，從先師許詩英學，因耳聞燕孫教授之學術造詣，先師嘗謂當年歷史語言研究所招聘研究員，須經考試，而當時經考試錄取爲研究員者，亦僅周先生與董同龢先生二人而已。在臺灣研究聲韻學之學人，六十歲以下，四十歲以上者，於董先生在聲韻學上之造詣，皆躬親體會。因民國四十年代時，臺灣能用之聲韻學教科書，唯一之一本，則爲董先生之《中國語音史》，今改名爲《漢語音韻學》，縱未躬親受業，亦均私淑久矣。故提及董同龢先生，臺灣聲韻學界，可謂無人不曉，無人不知，而周先生與董先生齊名，其年壽益長，著述益豐，於聲韻學上之成就，在大陸學術界，固已屬泰山北斗之尊矣。而於當今世界語言文字學術界中，由於老成凋謝，今亦無幾人能望項背者矣。

余初於《輔仁學誌》讀先生〈陳澧切韻考辨誤〉、〈四聲別義釋例〉、〈審母古音考〉、〈禪母古音考〉諸文，早已仰慕涉獵之淵博，考證之精詳，然以當時情況，形格勢禁，無由通其款素，而拳拳之忱，固無少懈也。民國五十八年，因撰寫博士論文《古音學發微》，託友人於香港購得先生《漢語音韻論文集》，及與羅莘田先生合撰之《漢魏晉南北朝韻部演變研究》。於先生聲韻學之成就，讀其著述益多，則景慕愈深也。其後臺灣世界書局影印先生《廣韻校本》、《廣韻校勘記》問世，而於先生用力之勤劬，乃有更深之體悟，再後讀瑞典《遠東博物館館刊》馬悅然〈周祖謨論切韻〉一文，始知先生之學術，不僅爲國人所推崇，而於世界漢學界亦人所仰望也。及讀先生《問學集》，從知千里之程，起於跬步，先生學術造詣之深邃，固由來有自矣。其時猶未知先生有《唐五代韻書集存》之著也。迨後讀羅常培《語言學論文選集·校補本十韻彙編》出版時，始悉周先生有《唐本韻書彙輯》之作。羅先生謂先生此書材料已較《十韻彙編》出版時增益甚多，至民國七十年代中張生光宇返自美國，始攜帶先生編《唐五代韻書集存》返國，余亟託友人於香港搜購，已不可得，因就張生之書影印，故余至今猶只見影印本也。書經影印，圖片均顯模糊，閱讀至感費力，於研究學術殊感不便。因思如何設法徵得先生同意，由臺灣出版界另出臺灣版，以裨益學術界，雖有此意，其時大陸輔行開放，而臺灣尚在戒嚴期間，彼此溝通，尚覺多礙，會余日籍學生瀨戶口律子來自東京，道及先生女公子在日，因託將拙著《鍥不舍齋論學集》呈正，是爲與先生通訊之始也。

西元八八至九零年，余應聘香港浸會學院中文系爲首席講師，基於地緣之關係，乃得與先生互通音信，道其仰慕之懷，並以拙稿〈陳澧切韻考系聯廣韻切語上下字補充條例補例〉一文求正，蒙先生許以「好學深思」，鼓勵極大。九零年夏，余與浸會學院中文系主任左松超博士，舉辦包括兩岸在內之國際學術研討會，先生以年事高不便遠行，而未能晤面。九一年河南漯河市舉辦許愼暨說文解字研究國際學術會議，承先生邀請與會，一切就緒，正慶多年仰慕，得釋渴念，未料因會期接近中秋佳節，臺港兩地，返鄉團聚人潮洶湧，機票難求，因而錯失良機，懊惱異常。是年十一月武漢華中理工大學，舉辦漢語言學國際學術研討會，先生以天氣轉寒，不利遠行，又再度失去晤面之緣。

數年以來，雖與先生慳於一面，未克當面請益，然先生獎勵後學，猶復通訊不絕，余此次武漢之行也，順道遊東坡赤壁、黃鶴樓、岳陽樓、洞庭湖、君山、周郎赤壁等名勝古蹟，所到之處，皆塡詞紀勝，並以所塡詞寄呈先生郢正，蒙先生寵錫七絕一首云：

坡公遺蹟著千秋。江上風清正好遊。更羨先生多逸興，岳陽黃鶴兩登樓。

先生不僅賦詩相贈，更以所搜集之黃鶴樓舊圖片影印相贈，先生誠所謂性情中人也。因奉和先生原玉一首：

仰望光風幾許秋。眞儒事業久神遊。他年奉手濂溪日，定拜玄亭問字樓。

方大陸音韻學會成立之初，亦集會於武漢，先生塡〈浣溪沙〉詞紀其事，並寫以贈。其詞曰：

高會群英集鄂城。登樓四望楚山青。東湖煙暖碧波平。

論韻宜分洪與細，審音當辨重和輕。蕭顏事業喜崢嶸。

余亦有和作，以報先生之青眼也。余和詞云：

流水高山有故城。知心難遇眼常青。登樓同祝八風平。

文字相看繁與簡，聲音還辨重和輕。古今南北各崢嶸。

所以言此瑣細者，正欲說明余以後學，對前輩仰慕之深，以及前輩對後學愛護之切，先生爲能加惠後學，此書之能在臺出版，先生亦費盡苦心，因恐兩地郵寄資料而有差失，除《唐五代韻書集存》兩巨冊由京掛號寄來外，其原版圖片，乃託其日籍學生眞水康樹君先攜帶至日本，然後以掛號寄臺，如此輾轉費神者，無非盼能順利出版，以加惠此間學人而已。至於先生《唐五代韻書集存》之內容，先生序言及考釋言之已詳，作者自行參閱，可知端的，固毋庸再細爲縷覼也。尙餘一事，容爲讀者諸君告者，先生此書再版，較之原版，增多補遺，爲蘇聯科學院東方學研究所藏韻書殘葉，乃原本之所無者，今之此本，庶幾可稱完璧也。

中華民國八十一年十一月五月二日

後學陳新雄謹跋於臺北市和平東路鍥不舍齋

解字尋根序

世有具燕趙之氣，飲酒豪邁，與朋友交，言而有信，然多不讀書，遂淪爲俠士之流，難以與於知識之列；亦有內心溫文，外表儒雅，登高能賦，下筆千言，而咬文嚼字，酸朽迂腐，則其爲文士之流，而不達於大道者也。吾友仲寶吳璵則異於是，其爲人也，英華內歛，剛強外溢，疾惡如仇，見善如不及，其剛烈之氣，雖豪猾之桀，亦望而生畏者也。或謂剛則易折，又有何足稱者乎！此不達乎本之言也。夫以天地言之，山剛而水柔，未聞山之剛先柔水而消滅也；以物體言之，則枝葉柔而根本剛，未聞根本先枝葉而搖落也。且夫天不剛，無以制日月星晨，地不剛，則無以制五嶽四瀆，人不剛，則無以制百骸衆體。孔子曰：「吾未見剛者。」孟子曰：「其爲氣也，至大至剛。」剛之德，可貴若此，然則崇柔者何爲乎！籧篨之人口柔，戚施之人面柔，夸毗之人體柔。使柔而得吉，則籧篨、戚施之人，攸往而不得其宜矣，縱得其宜，吾知仲寶不爲此者矣。

仲寶雖飲酒豪邁，性情剛強，而亦異乎世之不讀書者，以其接觸面廣，識見益博，而昔之琢磨於文字，乃能施之於日用，糾世人之謬貤，拔俗士之茅塞。近以餘力，以愼重周密之思，爲流暢通行之文，撰寫專欄，發表於《中央日報》，題曰：《解字說文》。以嚴肅之主題，而出之以幽默之筆調，使覽者不厭其繁冗，而樂其雋利，故發稿以來，風行學界，人手一篇，既得博覽之益，又正謬俗之誤，試有益於學界與社會大衆者矣。惟報刊新聞，日出一版，收集爲難，保存不易，故友人生徒，日爲之請，仲寶以衆人之情難卻，正世之思宜揚，故挑選專欄中已發表者如干篇，集爲一冊，此《解字尋根》一書所以刊行之顚末也。

仲寶以余叨在交好之末，囑綴數言，紀其緣起。余觀其文，雋永有味，未及終篇，會心之笑，不期而至。樹有根，水有源，生而爲人，豈可數典忘祖，棄其本始，故必〈尋根究柢〉。事不知始，來路不明，勢必被人〈蒙在鼓裡〉。隨波逐浪，不知何底，苟有知識，必當追問，一問不足，則又何妨〈打破沙鍋問到底〉乎！仲寶素善飲酒，而不及於亂，人或謂其〈酗酒〉，此誠〈無稽之談〉；故人與人交，允宜〈實事求是〉，則言談而中，人不厭其言也。凡所撰述，類皆若此，倘非平日杜門鑽研，自強不息，以書籍爲伴侶，以筆墨爲沙場，何能畫分疆域，若此細緻也。吾固知此書之刊版，暴於衆人，必大有益於文教者也。願與溥天之下識者共證之。是爲序。

中華民國八十二年元月二十九日歲次癸酉人日

同學弟古虔陳新雄拜稿

說文形聲字研究序

民國五十九年春，余獲教部頒發國家文學博士學位之翌年，先師高郵高仲華先生適榮任教部講座教授，依規定不得於校外兼課，先師所任輔仁大學中文研究所「說文研究」一課，乃推薦余往接任，自茲以後，余遂兼課於輔仁大學，迄今逾二十年。

今歲先師歸道山，受業弟子無不哀痛逾恆，而余霑溉既多，哀思之戚，更難遽退。不日，彭寶良先生造舍相訪，出其師羊達之先生《說文形聲字研究》一冊相示，並謂已蒙先師應允爲撰序言，惜先師遽歸道山，序不果就，深感有負其師達之先生所託，因乃商之於余。嗚呼！寶良先生與其師隔海相別四十餘年，而耿耿於心，不負其師。今世之人，而爲古人之事，聞之悚然相敬。寶良先生既不忍負其師，吾忍任吾師之遺志隨其肉體以俱亡乎！故勉振精神，執筆以書，非敢序達之先生之書，乃爲寶良先生精誠所感，而亦欲了我先師之遺言，俾報教澤於萬一耳。

昔蘄春黃季剛先生嘗言：聲韻之學必以《廣韻》爲宗，其與《說文》之在字書略等，往余從先師瑞安林景伊先生治《廣韻》研究、古音研究、《說文》研究諸課，先生嘗謂：自清顧炎武以來，凡治徵實之學者，莫不研音韻以通文字，就《廣韻》以考古音，明古音以究《說文》，所謂明古音以究古形古義者也。

余觀達之先生之書，研究《說文》而首明古音，自宋吳棫、鄭庠、明焦竑、陳第及有清諸大家，自顧氏以下，莫不道及，原原本本，殫見洽聞，其治學之途，與余之所聞，何其相類耶！觀其論形聲字之得聲，則曰不出紐韻二途，此又與余之所學，如出一源。昔先師林先生景伊〈形聲釋例〉一文，於昔人之論形聲，以上形下聲、下形上聲、左形右聲、右形左聲、內形外聲、外形內聲爲言者，乃就形體區別，無關形聲之本旨。故特提出形聲字之分類，當以聲子聲母之聲韻異同爲別，有聲韻畢同者、有聲同韻異者、有韻同聲異者、有四聲之異者、有聲韻畢異者。而形聲字中所以有聲韻畢異之現象者，乃無聲字多音之理也。余以先師之所授，核之於達之先生之著，幾如桴鼓之相應，絲毫而不爽失者也。

許君《說文・敘》曰：「蓋文字者，經藝之本，王政之始，前人所以垂後，後人所以識古，故曰：本立而道生，知天下之至嘖而不可亂也。」今之治文字之學者，震慴於甲金文之古拙，棄《說文》而不觀，治文字而不達音韻者，比比皆是，以尋一畫爲得秘妙，以識一字爲洞微恉，玩其所習，蔽所稀聞，不見通人之學，未睹字例之條也。今達之先生此書，將足以理群愚，解俗謬，曉學者，達神恉者矣。余拜讀之後，無任感佩，謹以此就教於達之先生，並著其緣起如斯，非敢以爲序言也。

中華民國八十二年二月二十日

陳新雄謹述於臺北市和平東路二段鍥不舍齋

代潘重規師撰〈紀念林尹教授逝世十週年紀念論文集〉序

景伊逝世，今已十年，其門弟子特舉辦學術研討會，以紀念其師，並將研討論文彙爲論文集，而問序於余。余與景伊相交，逾五十年，既爲同門之友，復有姻戚之誼。晚歲在臺，景伊、仲華與余三人，共爲發揚中華文化，戮力同心，互相期勉，以維斯文於不墜。今景伊、仲華相繼棄世，思之慨歎，豈可無言者哉！

林君景伊，既爲學人，有傳世之志，復爲詩人，具眞摯之忱，而其赤心報國，視死如歸，則爲今之蘇子卿、文信國也。幼承名父名師之學，弱冠而教授河北諸大學，有聲庠序間。日寇入侵，毅然棄教職而獻身黨國，遂以奇才受中樞特達之知，膺重任爲漢口特別市黨部主任委員，兼綰華中游擊司令。於時國軍撤守，漢口阽危，君效死不去，託身虎穴，與強寇相搏，出奇蹈險，屢建殊勳，嘗蒙先總裁蔣公六電嘉獎。於是敵僞引爲巨患，必欲得之而甘心焉。竟於民國三十年四月二十五日爲敵所執，由漢而寧而滬，脅誘百端，終不少屈，獄中作絕命詩以自明，中有句云：「此心同日月。此意擬冰雪。日月長光輝，冰雪終皎潔。昔思李郭功，今灑文山血。忠義分所安，慷慨成壯烈。」志節凜凜，雖古烈士，何以加焉。幽囚半載，屬有天幸，得脫身走香港，奔赴重慶，時議咸謂君顯赫有日矣，而君乃慨然一切棄去，復爲敎授於四川大學，與余同講席，布衣粗食，時相偕同飲小市中，悲歌慷慨，不脫書生本色，此眞至誠惻怛之詩人也。

會火燄昆岡，洪流華域，君脫身走臺灣，勵志傳學。其時余爲接先慈脫火宅，乃先後奔走於星洲香海間，不遑寧息。君與仲華協力同心，合作無間，攜手同進，栽培後學，四十年來，造就固有學術傳人，難以悉數，自第一位國家法學博士周道濟，第一位國家文學博士羅錦堂以降，泰半國家博士，皆出於君之門，其弟子之任大學教授，成爲海內外大學之良師者，有如過江之鯽，實難勝計。我師門學術微而復振，中華文化危而復興，二君同心，與有力焉。

民國七十二年六月八日，君以病卒，門人哀號，戚友傷悼，政府惦念前功，旌揚勳績，特頒黨旗國旗覆棺，實爲身後殊榮。同年十二月八日，夏曆癸亥十一月初五日，爲君下世後初度冥誕，仲華與余，皆愴悼無極，分別撰詩，以誌哀感。仲華詩曰：

記君七十盛開筵。此日思君淚獨零。攜手當年扶正學，吟箋一握賸殘篇。同門凋落誰堪語，論道淵玄孰比肩。縱使天人成永隔，風神長在我心邊。

余撰詩云：

壽筵歲歲集英髦。闃寂茲辰首自搔。浩氣遐升箕尾宿，哀音激烈楚纍騷。傳經不負千秋業，使酒長懷一世豪。五十年來同志友，魂招天際慟寒濤。

今仲華亦已下世，當年同門三友，惟剩余一人，感人事奄忽，存亡難料，實不勝其欷歔者矣。然今景伊門下傳人，散布全國各大學，薪火相傳，弦歌不絕，新知繼起，繩繩未已。固知當日之耕鋤，業已大獲豐收者矣。今睹此集，論文逾四十篇，內容廣泛，含蓋各類，昔人所謂義理、辭章、考據為學問之三途者，已無所不容；而尤為難能者，凡所論述，皆能持之有故，言之成理。以是余固知君雖在九泉，亦必展頤含笑者矣。

中華民國八十二年四月二十五日

婺源潘重規謹序於臺北市敦化南路師十駕齋

文字聲韻論叢序

民國七十三年歲次甲子，余年五十，乃出五十以前之單篇論文二十五篇，彙集爲《鍥不舍齋論學集》。荏苒光陰，倏又十年，今屆六十矣。門人集議祝壽，吾自思度，學問無成，事業無就，何敢言壽。昔洪亮吉〈與孫季逑書〉云：「使揚子雲移研經之術以媚世，未必勝漢廷諸人，坐廢深沈之思；韋弘嗣舍著史之長以事棊，未必充吳國上選，並亡漸漬之效，二子者，專其所獨至，舍其所不能，爲足妒耳。」景伊先師在世之日，喜此數語，屢以語新雄，欲其牢記之，今先師謝世，亦已十年，撫今思昔，慨歎何似？然洪氏雋語，盤繞於懷，則未敢或忘者也。

《荀子》有言：「鍥而不舍，金石可鏤。」余往服膺斯語，取以名齋，復以名余之論文集。昔蘄春黃君不及五十，而不著書。余雖彙爲論集，亦非謂學問有成，聊示諸生余之鍥而不舍，力行不懈者耳。余竊自思，濫竽黌宮，二十餘載，每諭諸生，宜勤於所學，莫可懈怠，然坐而言固不如起而行之爲愈也。欲取信於人，言之終年，不如時時出其論述之可信也。余門下諸生，余告誡其每年至少撰述論文一篇，必如此也，其漸漬之效，乃可見也。今五十之後，再彙爲此集，則所以取信於諸生者也。古人有言，言教不如身教，諸生試觀，汝之業師，爲身體力行之者，抑夸夸其談者乎！

五十以後，雖年有述作，然散在諸學術刊物，檢尋不易，因爲彙集此篇，其文學論述，當另出專編，此集所收，盡爲論文字聲韻之著，因名之曰：《文字聲韻論叢》。東大書局盡力文化事業，嘉惠學子，口碑遠播，今允爲刊行，盛情可感，因泐數言，以充序文云耳。

中華民國八十二年七月七日抗日戰爭紀念日

贛州陳新雄謹序於臺北市和平東路鍥不舍齋

聲韻論叢發刊辭

我中華民國臺灣聲韻學界，四十年來，人才輩出，孜孜矻矻，戮力不懈，埋首案頭，覃思不已，或踵前修之步武，或擷西學之菁華，或理方音之條貫，莫不言之成理，持之有故，條理密察，斐然成章。因感各據案頭，各抒己見，難免人自爲說，莫可折衷，因聚集同好，共商組織學會，蘄能藉相互質疑，論定是非，各獻所長，補其所短，使聲韻之研究，益勵後學，廣播風氣，此議甫宣，即深受肯定，因有中華民國聲韻學會之創設。

本會創設之目標，一爲推動聲韻學學術之研究，一爲增進兩岸聲韻學術之交流，一爲刊行聲韻學術之論文。其言推動聲韻學術之研究也，自民國七十一年成立以來，每年皆由本會與各大學及學術團體，輪流舉辦聲韻論文研討會，迄今已舉行十一次之多，每次提出討論之論文，多則數十篇，少亦近十篇，相互切磋，獲益良多。其言兩岸學術之交流也，民國七十九年本會與香港浸會學院中文系合作，舉辦兩岸三地聲韻學學術研討會，是爲兩岸學人第一次之學術交流，規模之大，參加學者之衆，爲近年以來之所僅見，獲得良好之交流效果，自此以後，我方學者多次參加大陸音韻學術研討會，大陸學人亦多次來臺參加本會所舉行之學術研討會，今大陸學術研討會論文宣讀後，設特約討論之方式，多謂吸取我方之經驗，可謂已收顯著之交流效果。其言刊行聲韻學術論文也，自第八屆聲韻學會以來之研討論文，已滙集成編，第八屆研討論文滙集爲《聲韻論叢》第三輯，第九屆研討論文匯集爲《聲韻論叢》第四輯，第十屆研討論文匯集爲《第二屆世界暨第十屆全國聲韻學學術研討會論文集》，第十一屆研討論文將匯集爲《聲韻論叢》第五輯，第一屆至第七屆研討會因爲篇數較少，故總集爲《聲韻論叢》第一輯與第二輯，俾本會論文皆得刊出，而成完璧。此所以《聲韻論叢》第三輯、第四輯先爲刊行，而第一輯、第二輯反而刊行在後之故也。

臺灣學生書局秉其一貫贊助學術發展之立場，協助出版刊行，乃《聲韻論叢》所以問世，就正於世人之最大助力也，而本會理事姚榮松、何大安二位年輕學人之賢勞，搜集論文，編定目次，尤所銘感，本人所撰〈中華民國聲韻學學會緣起〉，於瞭解本會創設之始末，不無小助。姚榮松教授

〈第五屆全國聲韻學討論會議紀要〉，竺家寧教授〈第六屆全國聲韻學討論會紀實〉二文，於瞭解各次會議之論文內容及討論情況，皆有詳盡之報導，故列爲附錄，以資參考。

學問之道，前修未密，後出轉精，故學會創辦伊始，吾人即具共識，個人擔任某項職務，不宜過久，應建立新陳代謝制度，故本會理事長，以二年爲一任，只得連任一次，其最長不得超過四年，本人理事長任期，早已屆滿，惟《聲韻論叢》首二輯係在任內交稿發排，故仍由本人撰寫發刊辭，日後希望建立制度，其後賡續出刊之論叢，每輯弁言，由當屆理事長撰稿，使薪火相傳，永世不絕，此爲余之願望，質諸會員諸君，以爲然否。

中華民國八十二年九月十二日

陳新雄謹述於臺北市和平東路鍥不舍齋

詩詞吟唱與賞析自序

民國六十一年，余任中國文化學院中文系主任，親自擔任讀書指導一科，在課程中，余輔導諸生圈點《資治通鑑》，指導利用工具書籍，領導美讀文章、詩歌，概略介紹國學常識各項科目，在領導美讀文章、詩歌時，嘗爲諸生吟誦東坡詩，未曾料及，諸生對古詩吟唱，興趣高昂，紛紛要求教導吟唱。通常情形，由余先將詩詞講解，然後吟誦全文，而由學生錄音，再率領全體學生逐句逐段吟詠，課後同學再隨錄音帶自行練習，一年下來，不少學生興味盎然。而且所作吟誦，亦頗具韻味。當時學習諸生當中，如中山大學中文系教授孔仲溫，即其佼佼者也。根據余之經驗，五、七言之律體詩，因爲格律句數既有定式，學生最易學習，只要將五、七言律詩之基本格式吟詠純熟，再讀其他各體，就自然容易朗朗上口。因此余乃將五言與七言律詩之八種平仄格式，製成講義，印發同學，以資練習，多年以來，皆頗具成效。

民國七十七年，余應聘爲香港浸會學院中文系首席講師，擔任東坡詩與東坡詞兩門課程，非特令諸生能欣賞詩詞本文，更令諸生勤於習作。而另一要求則爲詩詞吟誦，香港一地，廣東方言普遍通行，國語並不流通，余以爲學習將遭遇困難，因以商之於該校視聽教育推廣中心楊羅錦霞女士，楊羅錦霞女士極爲熱心，多方設法，爲助於教學之施行，乃協助製造個人之詩詞吟唱錄影帶，製成以後，教學效果甚佳，香港地區以粵語爲主要溝通之語言，尚且能令大多數學生根據錄影帶而學會吟唱，因而益增余於詩歌吟唱教學之信心，返臺以後，諸生紛紛要求複製錄影帶，以資練習。因而引發余加以出版發行之動機，因商之於東大圖書公司，東大圖書公司素來對推行詩歌吟唱貢獻良多，邱燮友教授所編製之唐詩朗誦，即由東大圖書公司出版，而風行一時。得東大圖書公司允予出版發行之後，爲使詩詞吟唱得到更佳之效果，讓讀者對所選詩詞內容，有更進一層之理解，因而更搜集資料，爲所選詩文詞作賞析，期有助於讀者，對詩詞之內容與結構，能夠充分掌握而得其神韻。書成，因取名爲《詩詞吟唱與賞析》，並配合錄影帶而發行。今既殺青，因叙其緣由如此。敬請專家學者不吝賜教，不勝其厚望焉。

中華民國八十二年九月十六日

陳新雄謹述於臺北市和平東路鍥不舍齋

新修清華橋記

一九四九，倉皇離鄉。父母兄弟，身無他囊。及抵臺灣，栖栖惶惶。父曰諸兒，學不容荒。母曰諾唯，啓土辟場。飼養雞豚，莫可或遑。於焉廿載，學有所長。亦各竭力，各自騰驤。欲報親恩，彼蒼匪臧。狂風莫止，奪我爹娘。春暉浩浩，未報一芒。思之淒然，痛何可當。人之懷土，窮達難忘。父母未歸，魂或一翔。祖宅黃沙，欲涉無梁。和煜叔祖，遠畫精詳。思報親恩，莫若留芳。言之諄諄，動我衷腸。源頭一橋，今剩朽梁。人之相涉，安危有妨。爾其思親，曷若新張。啇之昆季，踴躍輸將。聚款既成，督工綦忙。金伯叔台，應請贊襄。設籌委會，諸事攸良。定鏡定莘，二叔劻勷。位柏兄弟，熱情多方。老叔冠英。父之友朋。提醒諸端，大益工程。衆志既定，橋工遂成。鋼筋爲骨，水泥幹楨。利我鄉梓，福澤攸宏。父字清華，因以爲名。愼終之報，獻此新聲。用叙終始，而寫斯銘。

一九九三年十二月一日夏正癸酉十月十八日先君誕辰紀念日

不孝男陳新雄、新賢、新豪謹記。

訓詁論叢弁言

民國四十年代，先師林景伊尹、高仲華明與潘石禪重規等老一輩學人，爲反對中國文字之簡化，挽救中國文字之完整，保存中國文字之美觀，以維繫中國文化之傳統，因而成立中國文字學會。民國七十年代，中華民國聲韻學界鑒於文字學會之主要功能，著重在中國文字字形方面之學術研究，而擬在字音學術研究方面，有所加強，故有中華民國聲韻學學會之成立。不但促使聲韻學之蓬勃發展，提升聲韻學研究之水準，而且影響所及，使一向未有學術活動之文字學會，亦猶枯木逢春而欣欣向榮，此皆我中華民國臺灣學術界青壯輩學人之孜孜不息，營造成優良學術研討風氣，非任何一人之功勞，乃我全國學人之心血結晶，大家努力耕耘之結果。

文字原兼有形音義三方面，研究文字之形體者謂之文字學，研究文字之聲韻者，謂之聲韻學，而研究文字意義者，則爲訓詁學。字形字音既已分別成立學會，展開研究，已有輝煌之成績。獨於研究字義之訓詁學，猶無專門學會，集合志同道合之學者共同研究，豈非憾事！且文字聲韻之研究，所以爲訓詁之用者，猶之建港所以泊舟，築路所以行車，今港已建妥，路亦竣事，而車船猶不知所在，則建港築路之效，尙難以彰顯也。

故當中國文字學會第二屆學術研討會，在高雄師範大學舉行之際，有會友提出成立訓詁學會之議，以包含文字研究之全，以章著文字研究之效。其所建議，深得與會學人之認同，其時余講學香江，無暇兼理其事，迨返國後，政府爲鼓勵與大陸學術文化之交流，中國文字學會、中國聲韻學會均多次組團，赴大陸參加學術研討會，增進兩岸學術之交流，促進兩岸文化之瞭解，極具正面之影響，文字、聲韻，兩岸既各有對口單位，互相交往，增進瞭解，獨於字義研究之訓詁學，我方猶無相對等之學會，以相互交流，寧非缺憾！適余任中華民國聲韻學會理事長四年任期，去歲屆滿，友好與門人，乃紛紛促爲籌設中國訓詁學會而盡其綿薄，余亦自思，凡能爲發揚中華文化，提升中華學術而盡其綿力者，豈可不戮力以赴，期竟其全功者哉！

原夫清初大儒，鑒於明之末季，學者束書不觀，空談性命之旨，游談無根，相爭口舌之間，流風所及，既未得其精而遺其粗，未究其本而先失其末，不習六藝之文，不考百王之典，不綜當代之務，馴致國亡無日，宗社淪亡，奴事異族，因闢空談之誤，倡徵實之學。所謂徵實者，徵之於今，求實事於當時，徵之於古，求實證於典籍。及夫戴震一出，以形音而通乎古義，綜形名而任裁斷。其《古經解鉤沈．序》曰：「經之至者道也，所以明道者其詞也，所以成詞者，未能外小學文字者也。由文字以通乎語言，由語言以通乎古聖賢之心志，譬之適堂壇之必循其階，而不可以躐等。」震教於京師，興化任大椿、仁和盧文弨、曲阜孔廣森皆從問業，弟子最知名者，金壇段玉裁、高郵王念孫。玉裁注《說文》，形音與義，遂得溝通；念孫疏《廣雅》，因聲求義，至賾不亂，諸古書文義之詰詘者，皆得理解。念孫授子引之，作《經傳釋詞》、《經義述聞》，其小學訓詁之精，自漢魏以來，未嘗有也。德清俞曲園、瑞安孫仲容皆承念孫之學有所發明，餘杭章炳麟，受業俞樾之門，尤能發揚貫通，而集其大成，與弟子蘄春黃侃，同爲民國初年學術界之所宗，凡戴學諸家，其分析條理，皆眕密嚴瑮，上朔古義，而斷以己之律令，梁啓超所謂正統派者是也。

黃侃於民國初年教授北京大學，著《訓詁述略》，是大學有訓詁課程之始，訓詁一科，綜合音義，以爲解釋，凡與中國文字與古書典籍有關之學術研究，於他科目不便討論者，皆可於訓詁範疇以尋究之者也。以是言之，則所謂訓詁者，非僅語言文字之專門學科，實凡與中國典籍有關之學科，舉凡學術思想、文學欣賞、歷史文化，甚至於巫醫佛道之書，欲求其正解者，皆宜略通訓詁者也。此訓詁學會所以組成之緣起也。

李君添富最爲熱心，且勤於幹事，前後聯絡同好，商討章程，打印文書，造具名冊，皆一任其勞，而申請立案，諸多瑣務，尤一肩獨任，凡所作爲，亦均抱爲發揚中華文化、提升學術研究而盡其心力之意耳。中國訓詁學會今歲成立，文字學之研究，既可籠罩全面而無所缺憾；與大陸學術交流，亦具對等單位，而便於討論。學會成立後，會友等不以樗材見捐，余被推爲首任理事長，而李君添富亦以勞績夙著，膺選爲學會祕書長，於是積極展開會務工作，輔仁大學素重學術研究，訓詁學會成立甫半載，即於今歲十二月十八、十九兩日在輔仁大學中文系所之支持下，舉行成立後第一次學術研討會，計邀請兩岸訓詁學人發表論文者，有臺灣師大學者陳新雄、大陸學者王寧等二十三篇，而輔仁大學中文系教王靜芝教授之專題演講，言及訓詁之要，尤多精闢之論，因彙集爲《訓詁論叢》第一輯，蒙文史哲出版社彭正雄先生慨助出版，至所感偑。而輔大前後所長系主任包根弟、王初慶、黃湘陽之領導，與全系師生通力合作，應推首功。李君添富組織之功，會友襄助之力，均不可沒，故特爲表而出之，以敬告於我全中國及全世界訓詁學界，並請不吝惠賜教正，是所至禱。

中華民國八十二年十二月五日

陳新雄謹譔於臺北市和平東路鍥不舍齋

中國訓詁學通訊發刊辭

民國四十年代，在老一輩學人爲反對中國文字之簡化，挽救中國文字之完整，保存中國文字之美觀，以維繫中國文化之傳統，於是有中國文字學會之成立。民國七十年代，中華民國聲韻學界鑒於文字學會之主要功能，著重在中國文字形方面之學術研究，而擬在字音學術研究方面有所加強，故有中華民國聲韻學會之成立，且已舉行十一次學術研討會，中國聲韻學會之成立，不但促使聲韻學蓬勃發展，提升聲韻學研究之水準，而且影響所及，使一向未有學術活動之文字學會，亦猶枯木逢春而欣欣向榮，此皆我中華民國臺灣學術界青壯輩學人之孜孜不息，營造成優良學術研討風氣，非任何一人之功勞，乃我全國學人之心血結晶，大家努力耕耘之結果。

文字原兼有形音義三方面，研究文字之形體者謂之文字學，研究文字之聲韻者謂之聲韻學，而研究文字之意義者則爲訓詁學。字形字音既已分別成立學會，展開研究，既有輝煌之成績，獨於研究字義之訓詁學，猶無專門學會集合志同道合之學者，共同研究，豈非憾事。且文字聲韻之研究，所以爲訓詁之用者，猶之建港所以泊舟，築路所以行車，今港已建妥，路亦竣事，而車船猶不知所在，則建港築路之效，尚難以彰顯也。

故當中國文字學會第二屆學術研討會，在國立高雄師範大學舉行之際，有會友提出成立訓詁學會之議，以包含文字研究之全，章著文字研究之效，其所建議，深得與會學人之認同，其時余講學香江，無暇兼理其事，迨返國後，政府為鼓勵與大陸學術文化之文流，中國文字學會、中國聲韻學會均多次組團赴大陸參加學術研討會，增進兩岸學術之交流，促進兩岸文化之瞭解，獨於字義研究之訓詁學，我方猶無相對等之學會，以相互交流，寧非缺憾。適余任中華民國聲韻學理事長四年任期，去歲屆滿。友好與門人，乃紛紛促為籌設中國訓詁學會而盡其綿薄，余亦自思，凡能為發揚中華文化、提升中華學術而盡其綿力者，豈可不戮力以赴，期竟其全功者哉！

李君添富最為熱心，且勤於幹事，前後聯絡同好，商訂章程，打印文書，造具名冊，皆一任其勞，而申請立案，諸多瑣務，尤一肩獨任，凡所作為，亦均抱為發揚中華文化，提升學術研究而盡其心力之意耳。中國訓詁學會今歲成立，文字學之研究，既可籠罩全面而無所缺憾，與大陸學術交流，亦具對等單位而便於討論，學會成立後，會友等不以樗材見捐，余被推爲首任理事長。而李君添富亦以勞績夙著，膺選爲學會祕書長，於是積極展開會務工作，文字學會成立四十餘年，猶無定期之會訊，聲韻學會成立十二年，始於去歲首創會訊，而訓詁學會成立甫半載，即於今歲十二月在輔仁大學支持下，舉行成立後第一次學術研討會，並於研討會舉行之同時，發行首期《中國訓詁學會訊》。李君組織之功，會友襄助之力，均不可沒，故特爲表而出之，以敬告於我中華民國訓詁學界，並請不吝賜正，是所至禱。

中華民國八十二年十二月五日

陳新雄謹撰於臺北市和平東路鍥不舍齋

訓詁學自序

明末學術，肆談心性，甚至束書不觀，空談性命之旨；游言無根，相爭口舌之間。馴致神州蕩覆，宗社丘墟。清初諸大師，眷戀故國，悲此淪胥，故力矯其弊端，欲振民族人心於既亡，闢空談之誤國，首倡經世致用之實學。蓋不考百王之典，不綜當代之務，不明後學之弊，則無以救世而振人心，無以經世而致實用。崑山顧氏炎武首倡舍經學無理學之說，欲教學者脫宋儒之羈勒，直接反求之於古經，闢不切時務之空談，而歸諸實事求是之鵠的，一反浮虛之習，遂立清代學術徵實之基礎。所謂徵實者，徵之於今，求實事於當時；徵之於古，求實證於典籍。清初諸大師發憤慷慨，期光復故國，故或徵於實事，或徵於古籍，其實皆所以求經世而致用也。

通經致用，乃清代經學正統派之所倡，而亦以顧氏爲首也。顧氏嘗言：「讀九經自考文始，考文自知音始。」婺源江永好學深思，繼顧氏而後，於音韻訓詁，多所發皇。其弟子休寧戴震治學方法，最有條理，發明原則，精銳分析，遂開皖派一代學風，震敎於京師，興化任大椿、仁和盧文弨、曲阜孔廣森皆從問業，各有建樹。弟子最知名者，金壇段玉裁、高郵王念孫。玉裁爲《六書音韻表》，《說文》因之以明；念孫疏《廣雅》，以經傳諸子轉相證明，諸古書文義詁詘者，皆得理解。令孫授子引之，爲《經傳釋詞》，明古代詞氣，其小學訓詁之精，自漢魏以來，未嘗有也。德清兪樾、瑞安孫詒讓皆承念孫之學，有所發明，番禺陳澧，亦精考據，近於戴氏。餘杭章炳麟，受業俞樾之門，尤能發揚貫通，而集其大成，與弟子蘄春黃侃，同爲民初言學術者所宗。

黃侃於民國初年教授北京大學，著《訓詁述略》，是大學有訓詁課程之始，訓詁一科，綜合音義，以爲解釋，凡與中國文字與古書典籍有關之學術研究，於他科不便討論者，皆可於訓詁範疇以尋究之者也。以是言之，則所謂訓詁者，非謹語言文字之專門學科，實凡與中國典籍有關之學科，舉凡學術思想、文學欣賞、歷史文化、甚至於巫醫佛道之書，欲求其正解，皆宜略識通訓詁者也。本師婺源潘重規石禪、瑞安先師林尹景伊又皆受業於蘄春黃君，而發揚其學說於臺灣者也。

民國四十三年，余方就讀於臺灣省立臺北建國中學，時羅家倫先生於臺北各大報刊發表〈簡體字之提倡甚爲必要〉一文，洋洋灑灑，近萬餘言，余讀其文，初亦爲之折服，旋讀《臺灣新生報》載潘重規先生〈論羅家倫所提倡之簡體字〉一文，於羅氏所主張之理由，多所反駁，予余印象最深刻者，潘先生質問羅氏以迁爲遷之古文，而《說文》遷下所載古文爲拪，而非羅氏所謂之迁，因請羅氏說明其引證之張本，羅氏無言以答，竟謂有說話之自由，亦有不說話之自由，因心有所疑，乃請當時國文教師李福祥先生分析羅潘二家之文，始知潘重規先生乃民國國學大師黃季剛先生之女婿，於中國文字，學有本源，非羅氏可比，余聞而歆喜其學，故翌年大專聯考，乃毅然以師大國文系爲余第一志願，因其時潘先生正任師大國文系主任也。

及入國文系肄業，潘先生有南洋之役，因轉介於先師林景伊先生門下受教，先生初次見余，即謂余性沈穩篤實，宜從小學訓詁入手，並語余讀書必先識字，識字必先明音之理，余聞而好之，亟請從學，先生見其志篤意誠，乃欣然贈以《廣韻》一冊，並題識相勉云：「中華民國四十六年，歲次丁酉三月廿五日，即夏正廿四日，持贈新雄，願新雄其善讀之。」余謹受教，退而循師指示，披尋《廣韻》，逐韻逐字，析其聲韻，勒其部居，初明義例，興味盎然，習之既久，艱難時見，而志亦稍怠惰，師每察其情，必諄諄告戒，再三激勵，並爲剖析疑滯，必令盡釋而後已。因能終始其事，未曾中道而廢，及今思之，設非吾師之苦心孤詣，誨之不倦，又曷克臻此者乎！

戊戌之夏，蒙本師林先生之招，寄寓先生之家，更得日親謦欬，時聞要旨，先生性豪於飲，酒酣耳熟，舌轉粲華，妙義時出，漸漬日久，治學之道，聞之益稔，乃由《廣韻》進稽《說文》、《爾雅》，上窮三古遺音，舉凡《詩》韻、諧聲、讀若、音訓諸端，莫不探源究委，逐字翻檢《廣韻》，對勘《說文》、《爾雅》，一一推跡其根源，考究其流變，如是者歲餘，於音韻、訓詁之學雖尚未盡窺奧窔，亦已略識端緒矣。

及入研究所，又從景伊師習《廣韻》研究、古音研究，紹興許世瑛師習「高等語音學」、「高等國文法」，昔之疑而未明曉者，乃得盡析，散而未聯貫者，亦得溝通。更由於詩英詩師之啓導，得窺王力了一先生之語法、音韻、詞源、詞匯諸端，與蘄春黃君之學，彙整以觀，截長補短，更得融會貫通之樂。

民國四十八年秋，初承林先生之介，任東吳大學中文系聲韻學講席，三年之後，復兼授訓詁之學，邇來已二十餘年矣。深感師恩難忘，自應拳拳服膺，欲期師學不墜，尤宜發揚光大，竊惟中國語言學中之聲韻、文字、校勘、詞滙、語源、語法諸科，其最終作用，莫不求訓詁之貫通，貫通訓詁，不但令古今如旦暮，且可使南北如鄉鄰，顧不偉歟！戴震嘗云：「經之至者道也，所以明道者其詞也，所以成詞者，未能外小學文字者也，由文字以通乎語言，由語言以通乎古聖賢之志，譬之適堂壇之必循其階，而不可以躐等。」

善乎其言也。語言文字者，即所謂中國語言學之諸科也，以此諸科為工具，而求達古聖賢之心志，則亦可以廉得其情者矣。故阮元之序《經義述聞》曰：「凡古儒所誤解者，無不旁徵曲喻，而得其本義之所在，使古聖賢見之，必解頤曰：『吾言固如是，數千年誤解之，今得明矣。』」本書之作，秉承師之所授，亦冀能將師長所授之方，提供後學，俾得其方法，而能求得訓詁之確解。故於師說之徵引，不厭其詳，凡聞之於師者，縱不能引證之於本文，亦必錄之於附篇。

本書計分十二章：曰訓詁之意義。訓詁與文字之關係。訓詁與聲韻之關係。訓詁之方式。訓詁之次序。訓詁之條例。訓詁之術語。古書之體例。古書之註解。古書之句讀。訓詁之基本要籍以及工具書之用法。悉本之師說，參以前哲近賢諸著，擇要取華，俾求精當。惟限於本身學識，倘所述不當，徵引錯誤，尚祈海內方家，不吝惠賜教正，實所至盼。本書共分上下二冊，今為教學需要，先出上冊，至於下冊，亦將於最短期間，賡續出版，以正當世，特為說明。

今人於文字之要求，每謂宜語文一致，斯固然矣。然本書徵引材料，至為繁富，有文言之著，有語體之文，彼此來源不一，為討論方便，則行文體例，勢難一致。其有語文參雜，尚祈讀者諒之，勿予苛求，則不勝其厚望焉。

中華民國八十三年九月十八日

陳新雄謹序於臺北市和平東路鍥不舍齋

魏晉南北朝韻部之演變序

民國五十七年（一九六八），余就讀國立臺灣師範大學國文研究所博士班，撰寫博士論文《古音學發微》，時李方桂先生於臺灣大學講上古音，主考古派之二十四部，王了一先生《漢語史稿》、《漢語音韻》二書則主從審音派之三十部，其時余於上古音之分部，究竟當從考古派之廿四部，抑從審音派之三十二部，思慮良久，取舍爲難，適先師林景伊（尹）先生歸之新嘉坡，余持論文與之商榷，先生貽余羅常培、周祖謨二先生合著之《魏晉南北朝韻部演變研究》第一分冊，謂可詳加研討，然後決定從違。羅常培莘田先生早期在北大從蘄春黃侃、吳興錢夏諸老宿遊，而與趙元任、李方桂二先生所譯高本漢《中國音韻學研究》一書，漢譯而勝於原著，早已斐聲國際，聲譽卓著；燕孫周祖謨先生則從羅莘田學而得其眞傳者也。余昔從先師許詩英（世瑛）學聲韻，即耳聞燕孫周先生之學術造詣，先師嘗謂，當年中央研究院招聘研究員，須經考試，而經考試錄取爲研究員者，亦僅周先生與董同龢先生二人而已。在臺灣學術界研究聲韻學之學人，凡六十歲以下，四十歲以上者，談及董同龢先生，幾無人不曉，無人不知。蓋董先生在聲韻學上之成就，皆躬親體會，因爲民國四十年代（一九五〇）時，在臺灣唯一之聲韻學教科書，惟董先生之《中國語音史》而已。縱未躬親受業，亦已私淑久矣。而周先生與董先生齊名，其年壽益長，著述益豐，於聲韻學上之成就，在大陸學術界固已如泰山北斗之尊矣。即於當今世界語言文字學界中，由於老成之凋謝，亦無幾人能相與頡頏者矣。余得先生此冊，無異至寶，持之以歸，饋寢其中，乃至發奮而忘食者矣。

余觀其書，論及周秦古音，共分爲之、幽、宵、侯、魚、歌、支、脂、微、祭、蒸、冬、東、陽、耕、真、諄、元、談、侵、職、沃、藥、屋、鐸、錫、質、術、月、盍、緝共三十一部。陰陽入三分，考古與審音兼顧，分配亦極爲整齊，故三占從二，余之古韻分部定矣。余之分古韻爲三十二部，即將先生之祭、月合一，並從蘄春黃季剛先生分出添、怗二部，故得三十二部也。余之論文，乃得以終篇，而獲博士學位。先生著此書之目的，據其緒論所言，乃欲根據兩漢至陳隋之音韻史料，重新作一研究，擬從歷史發展觀點，以考查由漢至隋音韻歷史，可分幾期？每期特徵何若？

周秦古音如何演變爲隋唐今音？隋以前中國方音有何區別？《切韻》一書究竟表何等語音？瑞典高本漢所擬上古、中古音系可信度如何？由周秦至隋代，聲調變化，如何演變？南北朝文學作品中之某些問題，可否經由聲韻學之研究而解決？所提每一問題，皆治聲韻學者之亟欲解決而未能者。唯第一分冊僅作兩漢韻譜之分析，尚未將魏晉南北朝之全部韻譜分析完成。故海內外之治聲韻學者，莫不引領以望，期其早日成書。而無何大陸乃發生文化革命，十年浩劫，紅書小鬼，妄作非爲，無數學人，橫遭摧殘，及今思之，猶覺憤憤難平。臺海兩岸，更是形格勢禁，消息難通者矣。

民國七十七年（一九八八），余應聘爲香港浸會學院中文系首席講師二年，大陸情勢既撥亂反正，臺灣亦開放探親，兩岸學術，始能交流。身在香港，得地緣之利，方克與先生互通音訊，道其仰慕之懷。並以拙稿〈陳澧切韻考系聯《廣韻》切語上下字補充條例補例〉一文呈正，先生許以「好學深思」，鼓勵極大。民國七十九年（一九九〇）夏，余與香港浸會學院中文系主任左松超博士舉辦包括海峽兩岸學人在內之聲韻學國際學術研討會，先生以年事已高，不克遠行，未能晤面。一九九一年河南省漯河市舉辦「許愼暨《說文解字》研究國際學術會議」，承先生邀請與會，一切就緒，正慶多年仰慕，得釋渴念。未料因會期接近中秋佳節，臺港兩地返鄉團敘人潮洶湧，以致機票難求，因而錯失良機，懊惱異常。雖然與先生慳於一面，未克當面恭聆教益，然書翰往返，則尤勤於往昔。

民國八十一年（一九九二）臺灣高雄國立中山大學與中國聲韻學會共同舉辦第二屆聲韻學國際學術研討會，廣邀大陸學者參加，以促進學術交流。大陸學人國際關係學院陳振寰教授與會，順道攜來先生《漢魏晉南北朝韻部演變研究》第二分冊原稿，囑於臺灣接洽一信譽卓著之出版社出版刊行。余以晚學，蒙先生不棄，將畢生心力所瘁，授之不疑，託以重任。敢不盡其綿力，爲先生覓一卓越出版社以出版先生之書。三民書局暨東大圖書公司劉董事長振強，熱心文化事業，出版學術書籍，風行海內外，其《大辭典》三冊，編輯詳盡，考義審音，力求精當，而印刷精美，覽者悅目，口碑流傳，聲譽早著。因商之劉董事長，慨蒙應允，因交付其相屬之東大圖書公司研究出版。前年暑假，余應邀參加北京師範大學所舉辦之「兩岸文字統合會議」，發表論文，順道訪先生於北大中關園，相談融洽，得遂平生仰慕之願，幸何如之。北京握別，先生與夫人親送至機場登機室，情意懇摯，至所銘感。唯兩岸文書查證，未上軌道，版權攸關，出書有待。迨九三年海峽兩岸海基、海協兩會負責人新嘉坡會談，以促成交流爲務，故文書之查驗，契約之公證，均能達成協議，出版問題，因得解決，於此期間，先生第三分冊稿件，亦絡續頒到。間竊思維，先生之學術淵博，造詣宏深，泰山北斗，舉世罕匹，亦唯有東大圖書公司如此之宏規，方足以出版先生此書，而以先生之宏深學術，亦足彰東大圖書公司出版之水準，而東大之幹練，足載先生學術之宏深，此所謂相得而益彰者也。引線穿針，終底於成。去歲適逢先生八十華誕，大陸中國音韻學會曾於天津南開大學舉行第八次學術討論會，以慶祝先生八十嵩慶。華中理工大學《語言研究》雜誌社，特爲增刊，以資慶祝。先生此書適於八十華誕刊版，內心欣慰，固無論矣。而能使窮經之儒，所瘁心力，不致湮沒，爲世所知，宏揚學術，則尤足欣喜者也。東大圖書公司排版蕆事，因將第二、第三分冊，同時出版，以爲先生八十華誕壽，因易名爲《魏晉南北朝韻部之演變》。先生以余在臺，與學術界關係較深，因囑撰一序言，余非敢以叙先生之書，乃著其出版之緣起如斯耳。此書正在刊版之際，新歲元月，忽接訃聞，先生未克待此書之出版，而竟先歸道山，實不無遺憾者也。然先生畢生心力所瘁，終可問世而貢獻於學術界，先生雖在九原，亦當含笑相視者矣。

一九九五年二月十五日

陳新雄謹序於臺北市和平東路鍥不舍齋

國學論叢序

民國六十八年許，師大國文研究所招收暑期部進修班，所長李爽秋教授希望開班伊始，能予人耳目一新，使進修諸生皆能有所收獲，而不負此行，因特相邀授課，余因而擔任中古音研究、上古音研究二科目，兩年之中，雖不敢言於諸生有何幫助，然諸生皆能受教不倦，忞慔不懈，其好學精神，較之正科班級，蓋有過之而無不及，殆所謂「敎然後知困」者乎！

諸生之中，予我印象最深刻者，高君明誠實其人也。君於民國四十四年畢業於臺灣師範大學國文系，於君畢業之後，余始入學就讀，故君實爲余前期學長。及入研究所也，未嘗以己爲學長自傲，亦未嘗以余爲學弟相輕，執禮之恭，蓋罕見也。其讀拙著《古音學發微》，有詩相贈，余亦報以七律一首云：

夜讀君詩百感臻。驚呼眞有筆通神。珠璣滿眼新開眼，賢聖何人更細論。雪原爲高格調，騷壇幾見古璘珣。相期共負興亡責，鐵骨當撐大漢魂。

自此以後，君凡有作，必相示以相琢磨，而其好詩愛詩，蓋由本心；故其賦詩吟詩，亦率由眞情。其後卒業，亦復書信往返，討論學術，其孜孜不息，殊堪欽許。而每有佳構，亦必馳函相告，或電話相道。孔子曰：「學而不倦」，君有之焉。今歲開春，君集其歷年著述，輯爲《國學論叢》，投稿於余，並囑爲序言。余讀之後，重有感焉。君嘉義人也，今島民之中，滔滔以獨立而自得，囂囂去華夏而相高；君則念念以中國學術自任，時時以中原雅音敎人。尋根索源，推其原始，而不自絕於炎黃子孫，不自外於大漢血脈，此誠吾之學友，亦我大漢英魂之所託也。因書以告世人，庶知吾言之非謬也。是爲序。

中華民國八十四年三月十五日贛州陳新雄伯元謹序

北京天祥祠重修記

「孔曰成仁，孟曰取義，惟其義盡，所以仁至，讀聖賢書，所學何事，而今而後，庶幾無媿。」「惶恐灘頭說惶恐，零丁洋裡嘆零丁。人生自古誰無死，留取丹心照汗青。」此文信國〈衣帶贊〉及〈過零丁洋詩〉也。自幼讀之，略能成誦。年齡既長，治中國文學，特喜東坡，《宋史》嘗言：「東坡自爲舉子，至出入侍從，必以愛君爲本，忠規讜論，挺挺大節，群臣無出其右。」所以致此者，乃能以特立之志爲之主，而以邁往之氣輔之，故意之所向，言足以達其有猷，行足以遂其有爲，至於禍患之來，節義足以固其所守，皆志與氣所爲也。特立之志，即獨立之意志，不爲利誘，不爲威迫，行其所當行，爲其所當爲；邁往之氣，即孟子所謂浩然正氣。蘇軾於〈潮州韓文公廟碑〉云：「是氣也，寓於尋常之中，而塞乎天地之間，卒然遇之，則王公失其貴，晉楚失其富，良平失其智，賁育失其勇，儀秦失其辯，是孰使之然哉？其必有不依形而立，不恃力而行，不待生而存，不隨死而亡者矣。故在天為星辰，在地為河嶽；幽則為鬼神，而明則復為人，此理之常，無足怪者。」蘇軾此種充滿浩然正氣之氣質，正是中國文化數千年來所孕育讀書人之典範，言及蘇軾，即出現孟子所云：「富貴不能淫，貧賤不能移，威武不能屈」大丈夫之典型。

蘇軾而後，再經二百年，宋代第二位充滿浩然正氣之讀書人，又再度出現，此即以身殉國之宋朝丞相文天祥是也。天祥自為童子，見學宮所祠鄉先生歐陽修、楊邦乂、胡銓像，即欣然慕之，以爲沒不俎豆其間，非大丈夫也。宋之末造，權奸賈似道誤國數十年，左相陳宜中臨危遠遁，詔天下勤王，天祥奉詔涕泣，應詔入衛。其友止之，以爲天祥此行，無異驅羊搏虎。天祥固曰：「吾亦知其然也，第國家養育臣庶三百餘年，一旦有急，徵天下兵，無一人一騎入關者，吾深恨於此，故不自量力，而以身殉之。庶天下忠臣義士，將有聞風而起者。義勝者謀立，人衆者功濟，如此則社稷猶可保也。」無奈宋之土崩瓦解，已無可扶持救藥者矣，雖顚沛流離於江右嶺海，屢仆屢起，大勢既去，終無可奈何，而身不免爲元所擒，拘於北庭，即今之天祥祠是也。脅誘百端，不爲少屈。臨終賦〈正氣歌〉曰：「天地有正氣，雜然賦流形。下則爲河嶽，上則爲日星。於人曰浩然，沛乎塞蒼冥。皇路當淸夷，含和吐明庭。時窮節乃見，一一垂丹青。」歌之卒章云：「哲人日已遠，典型在夙昔。風檐展書讀，古道照顏色。」蘇東坡與文信國眞浩然正氣之化身，不論生死，無關窮達，是氣不磨，沛然塞乎蒼冥之間，爲我中華民族長留萬丈光輝與永世榮耀，亦我中華民族讀書人最佳之典型者也。

一九九二年夏，余初訪燕京，謁北京大學名教授周祖謨於北大中關園，先生謂余曰：「北京名勝古蹟雖多，惟有一處，他人未必欲往，而君則必當往者，即府學胡同之天祥祠是也。」余辭周先生出，即攜同內子與從遊諸生臺灣輔仁大學教授李君添富，香港中文大學講師黃君坤堯驅車直奔府學胡同，而縱久住北京者，其知府學胡同天祥祠者竟無幾人。

輾轉探問，終得入門相訪，瞻謁先賢。其時天祥祠文物保管所僅蕭建武所長一人，雖祠廟破舊，屋壁剝落，然陳設整齊，打掃清潔。而尤可貴者，蕭所長熱忱感人，爲籌劃整修祠廟，親自撰寫計劃，竭力向遊客鼓吹，於余則似特別投緣，詳爲剖析。余觀其人，殆深受信國公所謂不自量力，而以身殉，以求功濟之感召者也。祠中有棗樹一株，葉皆南向，蕭所長謂相傳此信國公手植者也；又有地窖千尋，寬僅容身，相傳爲信國公所幽禁處也。余爲所動，嘗塡〈遊北京天祥祠調寄雙荷葉〉詞一闋用東坡雙溪月韻曰：

心如月。清光照徹南枝葉。南枝葉。人雖不見，丹心縈結。

千尋地窖靑苔滑。未酬壯志身先折。身先折。精神永在，格完無缺。

臨別之際，蕭所長依依不舍，出一卷重修祠廟計劃，務請過目，其誠感人。余歸臺後，慮及余師大學生文君幸福，今爲臺灣師範大學國文系教授，嘗爲余言，彼等香江文氏家族，皆爲信國之後，其後南遷，而定居於香港新界，子孫繁昌。余竊思量，文氏有此偉大之先人，而今裔孫繁滋，已半地球，且經商歐美，積貲甚豐，倘能捐資，重修先祠，既能追溯先世，復可勉勵後昆，實兩全其美之事也，因將蕭君計劃託付文君幸福。文君受命，謀之族人，僑歐文氏後裔，聞此美事，踴躍捐輸，甫及三月，已集資港幣五十萬，足爲重修之資。能使捐款大計，如期完成，文君幸福固鼓吹得力，而文君美生往來奔走，與海外聯絡，亦功不可沒。當文氏裔孫代表解款到京之日，特邀集北京東區副區長陳平、北京東區文物局長王玉珉、天祥祠前所長蕭建武、今所長潘重遠舉行捐款儀式，並邀余夫婦蒞臨觀禮致詞。余以文丞相裔孫捐款重修天祥祠，意義重大。蓋有如此偉大之先祖，而又有如此賢孝之裔孫，重修祠館，乃有可能。重有所感，因用東坡學畫鴉兒正妙年韻賦〈浣溪沙〉詞一闋以紀其事：

丞相捐軀正壯年。千秋正氣尚依然。人間際遇有因緣。

棗樹南枝仍嫋嫋，裔孫正統亦娟娟。重修祠館總情纏。

與會諸君，意興欣然，皆以爲然。且擬重修峻事之日，囑余撰寫重修記文。余竊思維，信國公嘗知贛州，爲先世父母官，而天地正氣，久所仰止，所授文生，竭力幹事，成此嘉謨，心尤足慰。余因緣際會，廁身其間，榮耀何似，撰寫記文，義豈容辭，故毅然秉筆，記其緣起如此。俾信國公浩然正氣重滿人間，殆亦文丞相在天之靈所感召者乎！

一九九五年七月二十日歲次乙亥夏正季夏六月二十三日

臺灣師範大學國文系所教授贛州陳新雄恭撰並書

訓詁論叢第二輯弁言

自兩年前成立訓詁學會出版《訓詁論叢》以來，訓詁學之研究，乃有長足之進步。而年輕學者參與之衆，尤令人激賞。其實訓詁學之範疇，至爲廣泛，余嘗云：「所謂訓詁者，非僅語言文字之專門學科，其實凡與中國典籍有關之學科，舉凡學術思想、文學欣賞、歷史文化、字典辭書，甚至巫醫百工之典，神仙佛道之書，欲求正解，皆宜略識訓詁者也。」

清阮元伯元，一代儒宗，其序伯申王氏《經義述聞》也，嘗舉郢書燕說之治，鄭玉周鼠之璞，善譬曲喩，以明誤解古書之謬，而訓詁之效，則正所以解此謬悠惚恍之誤者也。

往昔中國語言文字之學，多由大專院校中文系舉辦，今次訓詁學研討會轉由國立臺南師範學院語文教育系舉辦，則訓詁研究之途益廣，訓詁研究之人益衆，此正所謂發皇其學者也。且師範學院訓練小學國語文師資，而在《周禮》之小學，亦正吾人今日語言文字之學也。故師院師生之參與，乃益增學術研討之意義。小學本爲入學之基，而識字知音達義，一以貫之，更爲吾人入學之序也。

此輯所收論文二十八篇，來之兩岸三地以及韓國學人，而參與討論之學者，幾遍及全臺各校，可謂濟濟多士，蔚爲盛況者矣。至二十八篇論文之內容，有言訓詁研究之方法者，有究典章制度者，有論辭書編寫者，有析古書句讀者，有釋典籍篇章者，有解一字之義者，有論一詞之用者，有自敦煌學言之者，有自簡牘學言之者，有述資訊網路資源運用者，林林總總，猗歟盛哉！

本會祕書長李添富博士，協助本人，擘劃會務，使學術研討會準時舉行，訓詁通訊按時發行，盡心戮力，最著賢勞，特爲本會會員告，庶使會衆皆知其勞績也。

本集論文之出版，教育部顧問室，文化建設委員會與臺南市政府之資助，臺南師院語教系暨文史哲出版社之贊襄，與有力焉，謹此致謝。

中華民國八十四年十一月八日

陳新雄撰於臺北市和平東路二段鍥不舍齋

黃沙陳氏十修族譜序

中國文化之精神，由中國精美與統一之文字，中國源遠流傳之歷史，中國儒家愼終追遠之孝道思想而表現。其言中國文字也，自黃帝之史倉頡，觀鳥獸蹄迒之跡，初造書契，迄今已逾五千餘載，雖形有甲金篆隸楷之遞遷，而垂世述德之精神曾無改易。其言中國歷史也，左史記言，右史記事以來，言爲《尙書》，事爲《春秋》，漢代以後，司馬子長首著《史記》，於是代有國史，或斷代以叙事，或通編以紀年。省縣地方，亦有方誌。而私族譜牒，更是延綿不絕，車載棟積，浩湃難量，猗歟之盛，歎爲觀止者矣。其言儒家之孝思也，昔在《尙書》，首親九族，族誼旣睦，平章百姓。故治國之道，敦親睦族，實爲要務。故尋根索源，尊祖敬宗，人不忘本，各識所出，斯實彝倫攸存，國脈攸繫者也。

我黃沙陳氏一族，遠出黃帝，裔傳帝舜，嬀滿封陳，於焉得姓。西漢元帝時，遠祖陳湯，出使西域，功勳卓越，爵關內侯，食邑三百。自是以後，移家穎川，陳氏一族，乃有穎川一支。東漢之末，天下陵夷，皇綱不振。而穎川一地，德星屢見，賢人當應。遠祖陳寔字仲弓，應運而出，賢以著世，德以蔭後，故子孫繁昌，裔孫廣殖，傳世不絕，遠徙各地，播在四方。當靖康之難，金人入侵，中原陸沈，王三兄弟，自江州義門，各自播遷，轉徙無常。黃沙陳氏一族，係始祖德才公自九江遷至贛縣之鷗潭，二世祖元吉公，放鴨至黃沙，見祠堂後山，竹子開花，卜宅曰吉，遂建祠宇，而定居焉。迄於今日，閱年六百，厚德令譽，傳世不絕，螽斯振振，瓜瓞綿綿，裔孫繁昌，廣衍四方，黃沙而外，川滇臺閩，裔孫今四佈，跨洲越國，廣衍新大陸。流傳之盛，一若長江、黃河之直流到海，浩淼無涯畔者矣。

我黃沙陳氏族譜之撰修也，發軔於明正統九年甲子，歷經明嘉靖三十一年壬子之二修，三修於清乾隆元年丙辰，四修於清乾隆二十一年丙子，五修於乾隆四十七年壬寅，六修於清嘉慶二十年乙亥，七修於清同治二年甲子，八修於清光緒二十三年丁酉，九修於民國二十八年己卯，今十修於共和國之丙子。其初創議也，以三十年為一世，而定為一世一修，然支裔繁衍，聯繫匪易，加以朝代更迭，戰亂頻仍。觀歷次所修，其間隔遠者為乾隆丙辰之續修，距嘉靖壬子逾一百八十四年，其相距近者，則乾隆丙辰至乾隆丙子之二十年。不論世次之遠近，年代之久暫，而我黃沙裔孫，念茲在茲，不忘先祖之創業之維艱，永守先訓於不墜，雖易世而皆然。本此精神與孝思，則今後之十一修十二修，乃至於無窮之修緝，又可知其爲必然者矣。

今我中國，雖分隔海峽，族人遷居，四海無定，其繫心祖塋，恪守先德，則不以異地而易心也。際此十修之盛，吾族父老，屬爲弁言，竊自思維，吾族往昔修譜，其爲譜撰序者，皆族中碩學鴻儒，秀彩特出，妙筆生花。新雄無文，流離海外，瞬將四紀，昔爲少年，今亦垂老，然鄉園思念，宗廟瞻顧，固無時或已。而修譜大事，未能廁身其間，追隨諸父老之後，執簡櫜筆，以供驅使，撫躬先慚，不勝羞恧者矣。今我父老，乃不我棄，屬勉力述序，以闡先德。敢不竭其綿力，述其所感，因寫其文字之源，史事之叙，孝思之忱，暨乎陳氏得姓之由，黃沙始祖立基之故，筆之於譜。俾我族人，由是得窺淵源所出，血脈所承，知倫序之無乖，長幼之有序，明九族之相親，識家邦之始基，則庶幾無忝德才公子孫雍穆之家訓，我父老十修族譜之至意焉。

一九九六年歲次丙子新春正月

文學博士臺灣師範大學教授裔孫新雄敬撰

切韻聲母韻母及其音值研究序

自顧炎武氏揭櫫「讀九經必自考文始，考文自知音始」之言以來，影響所及，有淸三百年來，治聲韻學者輩出，而蘄春黃季剛（侃）先生集其大成。古音學本爲經學之附庸，然以其得科學之條理，故成就最大，乃由附庸而蔚爲大邦，然皆求聲類韻類之分合，而未能考音値之是非。及瑞典高本漢以其深湛之語音知識，詳考中國各地之方言，然後研究《切韻》之音讀，而《切韻》、《廣韻》之音讀，始有條理可尋，聲値韻値之推求，始初具規模。後起諸家，縱然有所增訂，尙少逾越其範圍。

余之初識聲韻學也，弱冠之年，負笈臺灣師範大學，適先師瑞安林景伊（尹）先生亦來宣鐸，主講國文，先師幼從蘄春黃君學，聲韻之學，夙有根基，余從受業，因語讀書必先識字，識字必先明音之理，余聞而好之，亟請從學，先生見其志篤意誠，乃欣然贈以《廣韻》一冊，並題識相勉云：「中華民國四十六年，歲次丁酉三月二十五日，即夏正二月二十四日，持贈新雄，願新雄其善讀之。」余謹受敎，退而循師所示，披尋《廣韻》，逐韻逐字，析其聲韻，勒其部居，初明義例，興趣盎然，習之漸久，艱難時見，志稍怠惰。師每察其情，必諄諄告誡，再三激勵，並為剖析疑滯，必令盡析而後已。因能終始其事，未曾中道而廢，及今思之，設非先師之苦心孤詣，誨之不倦，余又曷克臻此乎！如是半載，於《廣韻》一書，乃粗識腮理。尋從紹興許詩英（世瑛）先生習聲韻學，因於《廣韻》已略具心得，昔人以爲如讀天書者，而余竟游刃有餘。由於詩英師之啓導，乃由董同龢《中國語音史》進窺瑞典漢學家高本漢之《中國音韻學研究》及其他諸著，而亦津津然，樂此不疲。及入研究所，復從景伊師習《廣韻研究》、古音研究；詩英師習語音學。昔之疑而未明曉者，乃得盡析；散而未聯貫者，亦得溝通。等校蘄春黃君與瑞典高氏之學，雖方法略異，而理實相通。因以二者爲基礎，繼續鑽研，撰成《古音學發微》一文，並蒙教育部博士考試委員會口試通過，授予國家文學博士學位。其後遂以聲韻學授業上庠，今臺灣各大學聲韻講席，從余學者，數逾泰半。

民國七十一年余應香港浸會學院中文系之聘爲高等講師，因得識珠海大學梁永燊校長、文學院長王韶生教授、文史研究所長涂公遂教授。翌年八月該院文史研究所博士研究生何文華，在李伯鳴教授指導下，以《粵語詞彙探索》一文提出博士論文考試，余受聘爲考試委員，遂與伯鳴先生相識。今伯鳴先生指導之陳志清君碩士論文《切韻聲母韻母及其音值之研究》一文，尋將梓版，而問序於余。余雖不識陳君，然陳君嘗從何文華君受業，而何君又從余問學，伯鳴先生學界前輩，且爲舊識，淵源固有自也。余讀陳君之書，重有感焉。方余初得博士，即擬撰寫一聲韻學教科書，初則懼余書將取代先師《中國聲韻學通論》，故遲遲未敢著手。迨先師棄世，而又十餘年，余書仍未著手者，則以重紐問題，仍未得一合理之解說也。今觀陳君之書，雖以高本漢之說爲基準，而取李榮、王力、周法高、邵榮芬諸家之說相補苴，間亦採及余說。於《切韻》諸問題，皆一一述及，如聲母中之別出俟母，匣與喻三合一，韻母中之一二等重韻，純四等韻之眞象，重紐之諸說及作者之取舍，《切韻》之聲調等，皆能提衡諸說，取其所宜，從其所是，以爲己論。雖所說各節，容有可參，然先立基礎，而假以時日，若有新見，再加修改可也。〈《切韻》聲韻及四聲音節總表〉一節，乃其結論之總表現。使讀其書者，於《切韻》音節之查索，甚有助焉。抑又有言，今人立說，每求揚一己之名，鮮顧他人之方便。陳君此作，則二者兼顧之矣。君既不棄，徵序於余，因述其所學，及對君書之觀感者，以就正焉。

中華民國八十五年七月二十九日

陳新雄伯元甫序於臺北市和平東路鍥不舍齋

訓詁論叢第三輯弁言

本會成立之初，搜集發表論文，出版《訓詁論叢》，余嘗指出，訓詁學會之成立，有二項任務。一爲綜合研究文字形、音、義，使三者合而爲一體，蓋文字聲韻之研究，所以爲訓詁之用者，建港泊舟，築路行車，文字聲韻既各有專門學會，以爲專門之研究，則港已闢矣，而路已修矣。訓詁學會之成立，則欲使泊舟與行車，連爲一氣，而達到網路交通，貨暢其流之境地；使文字與聲韻緊密結合，而使中國文字之形音義，皆能明白曉暢，而無所躓礙。

另爲增進兩岸學術交流，文字、聲韻兩學會皆成績卓著；惟於訓詁，則尚猶有待。故訓詁學會之成立，亦欲彌縫此憾，以增進兩岸訓詁學人之學術交流。本人願策駑馬之力，以竟其功。

今觀論文篇目之富，多達五十餘篇，發表論文學人，遍及美、日、韓、新、港、澳，以及兩岸各大學及研究機構之學者。論文作者，既有耄耋鴻儒，亦有青年俊秀，更聚海外博彥，大會國內碩學，共聚一堂，論述經義，考其正詁；則余前所揭示之目標，亦庶幾近之矣。

四年任期，瞬將屆滿，港已建妥，路已修竣，要如何操作，發揮更大效用，則將來本會同仁努力以赴者也。

最後不能已於言者，本會能有今日之成效，秘書長李添富君襄助之功，最不可沒。本次大會有此規模，中山大學文學院中文系之熱心學術，幹事著效，有以致之。而於該校師生之熱心，特別是徐漢昌院長、王金凌主任、孔仲溫教授、徐信義教授之辛勞，尤爲可感，謹代表本會致最大之謝意。

東坡詩賞析彙編弁言

余承乏師大國文研究所東坡詩詞專題研討，以《宋史・蘇軾傳》稱東坡挺挺大節，群臣無出其右。其器識之閎偉，議論之卓犖，文章之雄俊，政事之精敏，古今士大夫蓋罕其比。其立身行事，卓識獨行，往往見之於詩歌。蓋詩以言志，東坡襟抱，最易藉詩以表達。方今國步維艱，知識分子允宜以天下爲懷，以百姓爲憂，不隨波以逐流，不曲學以阿時。貴能以特立之志，辨別是非；以邁往之氣，肩負責任。以忠貞之節，固其所守，以浩然之氣，遂其所行，爲正道之抵柱，爲社會之清流。此東坡詩研究與討論所爲開設也。

研究之方，講解與討論兼顧，講授一詩，不但明其辭義與典故出處，更進而探索其修詞與作法，尤其重要者，宜考求其寫作之背景，不明其寫作背景與創作動機，欲求詩之旨意，殆如捫盤扣燭，其難解也必矣。因此講解之時，必輔之以讀史。庶幾能知人論世，而於詩人之襟懷，乃能曉暢而無所滯塞也。

授課之時，則以達成以下目標與諸生相勉，反復觀覽，養成獨立欣賞之能力；吟誦詩篇，體會詩中鏗鏘之音節；涵養深沈，領悟抑揚頓挫之佳妙；學會賦詩，以詩歌體裁表達一己思想與情懷。半載以還，諸生皆能恪守斯志，勤勉向學，所爲賞析，皆中規矩，而頗有可觀。因彙集從學諸生鄭義雨、楊佩琪、吳璧如、孫佩詩、劉安剛所爲賞析之文，都爲一篇，可作爲切磋之資，亦所以永留紀念，所謂千仞之山，起於跬步者也。因取余所撰〈無耐能開頃刻花〉一篇弁首，並請爲弁言數語。余喜諸生之孜孜不倦，黽勉向學，故書此篇以歸之，諸生勉乎哉！

中華民國八十六年五月

陳新雄撰於臺北市和平東路二段鍥不舍齋

祭岳父大人文

維中華民國八十六年六月二十四日，夏曆丁丑五月二十日，孝婿陳新雄謹以清果香花之奠，致祭於 岳父大人之靈前，而祭之以文曰：

嗚呼哀哉！相識以來，時逾卅年。令嫒詠琍，與余姻聯。自邇迄今，未嘗相遷。余識岳父，早事教育。善誨善導，黌舍肅穆。中年從政，躋身柏臺。檢肅百官，勢如霆雷。惟義是往，情不少回。威權時代，衆人心灰。唯唯諾諾，俯首低徊。是非誰辨，公與同儕。威不可逼，利誘莫諧。爲民伸冤，舍我誰來。今無青天，職守難隤。耿耿是心，器度弘恢。余暇侍公，獨耽詩文。或高聲詠，讀來津津。間亦賦之，頗得其神。嘗爲寫定，公亦含嚬。於焉卅載，依仁爲親。中樞異主，公拂其塵。原可優遊，友彼松筠。隨風以出，令側我巾。事有難知，邂逅伊人。自此神疲，疾乃纏身。卧病十稔，痛而不呻。身心苦毒，從未出脣。其爲人也，儒雅彬彬。我思古人，實罕其倫。公善飲酒，香醪就口。於焉自足，精神抖擻。閒亦相陪，樂以擊缶。無懷之民，帝力何有。樂天知命，歷年長久。今歲六月，時維丁丑。一邦闤闠，飛雞跳狗。公亦厭之，毅然遠走。不受其塵，不納其垢。察察之身，匪親濁溜。公之去也，時近曉漏。詠琍與余，疾馳奔奏。匍匐爬行，亦已難救。葉家之灞，弋陽之岡。生已留名，歿亦垂光。公之令德，奕世難忘。先民既歿，德音不亡。蓋由紀述，能跡其詳。婿也不材，流涕感傷。庶竭駑鈍，傳寫蘭芳。從茲佳城，永閉幽藏。嗚呼哀哉！來享來嘗。尙饗。

代詠泉姐弟撰祭父文

維中華民國八十六年六月二十四日，夏曆丁丑五月二十日，不孝男詠泉，不孝女詠玲、詠琍謹以香花清果之奠致祭於 父親大人之靈前而祭以文曰：

嗚呼哀哉！大人生世，早歲登庸。爲國爲民，兩袖清風。憲政初設，五權大隆。素副民望，柏臺建功。整肅官箴，百吏咸恭。人比青天，德望攸崇。剛強無欲，心乃大公。歲月云徂，漸入耄耋。告老退休，足享安逸。匪配伊人，遘茲蹉跌。臥病十年，初緩後急。父乃無言，音聲靜密。問而不語，惸居一室。始猶張目，終乃眶合。奄奄在床，無怨無悅。今歲徂夏，風雨淒淒。國將不國，父心亦疑。溘爾遠逝，遽成永離。詠泉在美，聞耗奔馳。營殯營葬，不敢荒戲。生前遺言，與母合葬。記銘在心，莫敢忽忘。紗帽之山，青蔥朗暢。陽明之顚，素幾一上。西隔海峽，榴園在望。天宇重歸，更爲營壙。嗚呼哀哉！稟言知否，心已愴悢。詠玲在加，九七遷居。人在異域，涸澤之魚。無水難行，奔喪竟虛。昔撫吾髮，暖問寒噓。今茲永別，心實傷沮。永矣不孝，長此嗟吁！詠琍侍側，於茲十載。寒亦送衣，常時過邁。問焉無語，撫之不睞。嗚呼蒼天，何慳遺愛。令我老父，視聽生礙。時維六月，風雨冥晦。零晨三時，遽爾相背。啓手啓足，於人無愧。轉接遺靈，更換衣帶。從茲永別，永難相拜。嗚呼哀哉！尙饗。

字形匯典序

民國六十三年頃，一日余生廼永陪同袁君烱來師大國文研究所相談，袁君有意欲將國字之古今形體相異者彙爲一編，問書名於余，因告以可取《字形匯典》爲名，書名因而確立。其後余生赴香港中文大學任敎，而編輯之務，袁君乃時時訊問於余，余觀袁君，家非有猗頓陶朱之資，位非有掌敎布政之責，學非有叔重康成之富，然其繫心固有文化，保存固有文字之心，雖傾家蕩產，孑然一身，亦毅然爲之。此種維護中華文化與文字之精神，寧不可佩！余爲其所動，乃召集生徒，指授方針，袁君亦劍及履及，鳩工庀材，而匯典編撰處乃告成立。

爲集思廣益，編撰處乃遍邀宿儒名家，以爲顧問，如林先生景伊、潘先生石禪、高先生仲華、臺先生伯簡、王先生夢鷗、周先生子範等皆一時碩學名彥，規模既集，於是著手編撰，甫一動手，艱難立見，袁君商之於余，欲余掛名爲總纂，以齊衆生之心。余無可推託，勉強俯就，袁君以本匯典字義之部，乃取材於《中文大辭典》，而其時李殿魁教授任《中文大辭典》編纂處長，袁君徵得其同意，與余共同掛名總纂。而創議編輯之余君廼永與實際編輯之袁炯君，自亦當爲總纂，始克名符其實也。

光陰荏苒，二十餘年，彈指即逝，當時參與指導之名宿，今多作古，未克見其成書，然此書之得諸公之指點，遂爲世人所重視，觀五十冊封面，悉由當代名家題款，則其受重視，藉此可窺一斑。余昔從先師林景伊夫子遊，先生時時教誨，人生於世，當思以其所學貢獻於社會，以其綿力奉獻於國家，以其精神傳承於文化，千勿作一自了漢，求一己之安適，若此者則與全軀體、保妻子之徒何以異！袁君以其一己之力，奉獻於中國文字之整理，中國文化之傳承，與余所受於先師之教者，又何其相類也耶！

《字形匯典》編纂工作進行一半，袁君亦感心力交瘁，而聘請人員無財力支應，編輯工作當如何持續，乃問計於余。余思季君旭昇，專修古文字，而尤有心貢獻所學於社會文化。余嘉其人，乃商請袁炯聘爲總纂之一，後續編輯工作，季君與有力焉。至於匯典正音之工作，則姚榮松教授頗爲盡力，至於其他參與編輯諸君，皆列名於匯典，以示不忘，並誌功德。

《字形匯典》搜羅形典、字書、字典多達百餘種，文字共收七萬二千四百六十九字，編輯工作歷時二十餘年，編輯人員之易動，實難更僕數，如此巨帙大典，欲其盡善盡美，實古今所難。昔《康熙字典》奉帝命御撰，儒臣皆有專俸，瑕疵尚不可免，況今《字形匯典》出於一人之財力，成於衆人之手筆，其有訛誤，尤知不免，幸社會各界敎之諒之。《淮南子》曰：「初創者難爲功，繼起者易爲力。」謹以此言與天下後世共勉之。

中華民國八十六年十月二日

陳新雄謹序於臺北市和平東路鍥不舍齋

成語故事序

民國三十八年十月余年十四，隨先君初抵臺灣，寓居於花蓮縣壽豐鄉。是時，各校均已開學，不能期中插班，吾無校可入，無書可讀，日隨先君前往鯉魚潭釣魚爲樂。一日，垂釣餘暇，深以日日釣魚，未能讀書，不無隱憂，先君慰勉曰：「臨淵羨魚，不如退而結網。」因指示在正式插班就讀之前，每日隨父共同誦讀《幼學故事瓊林》，並予背誦。由於《幼學故事》乃將中國文化歷史濃縮而成，故於國學根基，頗受影響，今日之稍能爲文賦詩，鯉魚潭半年垂釣，與有益焉。

李君添富從余問學，浸淫其中，爲時最久。無論文字、聲韻、說文、廣韻、古音、訓詁、詩經、蘇詩等，無課不與，對余治學之方，與乎精神所在，最能揣摩圓熟，得其神髓。余嘗有句云：「兒輩所傳惟骨肉，生徒相繼乃精神。」正指李君等而言者也。

先師林尹景伊先生謝世之年，嘗致函於余曰：「韓退之嘗謂：『莫爲之先，人莫之知；莫爲之後，人莫之傳。』」其意深矣。今添富編撰《成語故事》竣事，問序於余。余亦以此數語相示，添富其勉之哉！

中華民國八十六年十一月六日夏曆立冬前日

古虔陳新雄謹序於臺北市和平東路二段鍥不舍齋

古音研究·自序

民國五十八年余以《古音學發微》一文而獲受國家文學博士，爾來已二十有八年矣。二十餘年來，於國內各大學研究所，爲諸生講授古音研究，皆以《古音學發微》爲教材，造就古音學人材亦已不少，舉其尤知名者言之，則林君炯陽、林君慶勳、竺君家寧、姚君榮松、曾君榮汾、孔君仲溫、李君添富、吳君聖雄、金君周生、葉君鍵得、康君世統及柯君淑齡等，皆國內各大學研究所從余受業，而今講授聲韻學於國內各大學者；亦有國外負笈來臺，學成歸國執教者，若金君相根、朴君萬圭、李君義活、金君泰成、金君鐘讚、吳君世畯、吳君鍾林、朴君允河等皆其尤著者也；尚有雖非指導其論文，平素黌宮相會，壇坫討論，亦不乏其人，若簡君宗梧、林君平和、董君忠司、黃君坤堯及瀨戶口律子者，皆其倫也。

昔余從先師林尹景伊先生受業，先生每以蘄春黃君之治《廣韻》，日必數檢，韋編三絕相勉。故余於古音學也，亦以奠其基礎爲務，至於語言學理，涉獵非廣，淺嘗而已。然並世諸家，已有成書，友朋交往，亦常聞勝義，匯其餘緒，亦可以初引津途。以余執教上庠二十餘年來，深有所感者，蓋聲韻之學，本爲工具，宜重於運用，而得其實效；高深理論，如食蟛蜞，多則傷氣，初學必視爲畏途。今之此編，以傳統奠基之學爲重，亦略兼顧語音學理，其有語而未詳，則限個人識力，讀者諒之。

余撰此編，發軔於民國七十九年仲秋，初習電腦，用爲工具，同時編寫《訓詁學》及《廣韻研究》，諸書並舉，頗省抄寫之煩，卻多匯通之樂。末有一事，欲爲讀者諸君告者，今人於文字，每謂宜語文一致，斯故然矣。然本篇徵引材料，至爲繁富，有文言之著述，有語體之文章，彼此來源不一，爲討論之方便，文體往往隨之變易，故行文體例，勢難一致，其有語文參雜者，本在討論問題，不以能文爲本。敬祈讀者諒之，勿加苛責，則幸甚焉。

中華民國八十七年三月二十四日夏曆戊寅仲春二月廿五日

陳新雄謹序於臺北市和平東路二段鍥不舍齋

文心雕龍要義申說序

越歲己卯，貴州華先生仲麐師壽登九秩，舍就室之珍從，效伏勝之傳經，今歲三春，余謁師於美西洛城，師出其所著《文心雕龍要義申說》一卷相貽，託覓信實書局爲之出版，並囑撰寫序言。余竊思維，先生以藏山之業授余，託付之重，非推心置腹，豈能若此；而囑撰序言，則尤青眼相睞，雖蔡邕倒屣於王粲，歐公退讓於蘇仙，其顧予之厚，又曷以加焉。返臺之後，即多方接洽，得臺灣學生書局首肯，允爲排印，今發行有日，因述其緣由，以請正於先生，並爲天下讀斯書者告。

民國四十八年秋，余自臺灣師範大學卒業，先師林公景伊薦之於東吳大學中文系，任聲韻學講席，師恐余年少氣浮，致失期許。因邀宴同系師儒，以身垂範，協力啓導，俾承先啓後，光耀師門，不墜師學，而仲翁師在座焉。自爾以來，余於先生，即等同弟子；而先生於余，亦誨勉有加，於詩學則曰：「作詩若是近體，五言或七言，必須嚴守平仄及今體詩韻，不能任意爲之。」於文章則曰：「引用古人語，不能因記憶不清，而妄加竄改，必須證以原書，若無原書，則只好割愛，萬不能易其字句。」晚歲杏壇，穢行時聞，甚有行事失檢，致身敗名裂者，先生於修身，特警之曰：「敖不可長，欲不可從，志不可滿，樂不可極。」新雄奉持惟謹，弗敢或墜。自景伊師歸道山，先生與余，書翰無缺，時達四、五紙，長信累幅，字無間隙。輔之導之，誨之勉之，無微不至，而期許之深，尤溢乎言表也。

近歲以來，凡有習作呈閱，先生皆細心閱讀，詳為批注，而理析微芒，鞭擘入裡。嘗怪先生何術以致此也？蓋世多謂文成法立，可由心會，難以言傳，又或謂文本天成，妙手偶得，神而明之，存乎其人。若似詩文法則，毫無理路可尋。今讀先生《文心雕龍要義申說》，始知文章之基，肇端學識，學豐才富，定墨運斤，自臻其妙，而無瑕漏。先生之論文筆也，本乎四綱，以窮八體。先生之析情采也，持三準而尋六義，本二理以標六觀。先生之言徵實也，正體、立幹、結尾者，文章之全體存焉；簡字、造句、裁辭、定章、謀篇者，蓋總文章綴思、布局，章句之接附，統首尾，定予奪，合涯際，彌綸全篇者，理至精闢。蓋文章之成，積基於字，我國文字，音義與形，名雖有三，合之則一，形為方體，音皆獨立，義見於音，音附於形。原形以知音，尋音以得義，此識字之方也，亦用字之法也。夫文之成也，名之爲篇，篇之定也，累積於章，章之合也，構成於句，句之造也，集基於字。故積字爲句，疊句爲章，累章成篇，篇有篇法，章有章法，句有句法，字有字法，篇章句字，法有成規，循規以摹，法可立得。然言之不文，則行之不遠，故先知鎔裁，而後曉繁略。作文之術，命意修辭而已。意立則辭從之而生，辭具而意緣之以顯。辭采之患，或失在略，或失在繁，略則不達，繁則多蕪。故必俟鎔裁而後可，鎔以設情，裁以鑄辭。情周不繁，辭顯不濫，斯臻文章之上乘，而得爲文之規矩者矣！彥和有〈體性〉〈定勢〉之篇，體者，文章之法式；勢者，文章之風格。鎔新義，釋舊說，先生之於文，可謂覽古循今，觀照六合者矣。先生之言修養也，致虛靜而衛氣，能率情而融理，典鴻基於積學。先生曰：「虛靜二義，取文首術，內外大端。」蓋虛以納物，靜以照物，虛靜之至，心乃空靈。惟其虛靜，故能制實以致遠，惟其虛無，故能秉樞機而宰萬有也。虛靜既已納物，衛氣所以儲寶，所謂「積學以儲寶，馴致以繹辭」者是也。虛靜者，衛氣之因，率情者，衛氣之果，內既充實於心，外自情瀾不歇也。率情則質，質待義理，文質相融，情理相稱，華而有實，柔而有本。蓋情貴暢而理貴融，情不暢則理不融，理不融則辭不達矣。理之為用，介乎情辭之間，上以表情，下以馭辭，皆賴融而後通也。才情本乎天資，事義關乎學養，情顯於辭，端賴積學。蓋若積學無多，酌理不當，雖有才情，亦難成器也。先生之論批評也，朝代更迭，文有興衰，此崇替所以居首；因人衡文，異同自形，絜其優劣，褒貶生焉。凡人於文，或貴古而賤今，或崇己以抑人，或信僞而失眞，千載一時，音實難知，知音難遇，此所以怊悵者也。文以行立，行以文傳，積行內滿，則文辭外發，出師之表，歸去之辭，積行既一，故窮達不易其操，此所以性行耿介而見珍於世者也。先生之言研讀詮次也，首〈序志〉以明其本旨，次上篇〈原道〉至〈正緯〉，所以索其源流也，三下篇〈神思〉至〈隱秀〉，所以鋪叙文理也，四上篇〈辨騷〉至〈書記〉，所以明取實證也，五下篇〈指瑕〉至〈物色〉，所以會其賞鑑也，六下篇〈才略〉至〈程器〉，則又所以棖觸於會賞之難遇也。先生之繹釋篇章也，每篇之前，綜拾大義，以概全篇，名爲題解。分別段落，繹釋文意，是爲分段。衍字佚文，糾其紕繆，是爲勘訛。篇章句字，略加訓詁，是爲義訓。先生之書，以此七篇，爲其骨幹，首三篇則劉勰本傳、著作時代及其年譜，所以知人論事之意，最末一篇，暢敘著述動機與經過，並示其讀《文心雕龍》之心得也。新雄淺學，烏足以識吾師之宏博精深也哉！第以師命所在，義不敢辭，故勉強成篇，萬里緘辭，聊獻微忱，未審有當吾師尊意否也。末以詩詞各一首，證其呈閱習作之非虛也。

仲譽師自美寵錫長函賦此申謝

我師寵錫來遠方。洋洋灑灑紙五張。翩翩辭采情意永，如珠在手生光芒。更有一種弦外意，讀後直沁心脾芳。每年臺北春三月，相陪樽酒容侍旁。今歲未克見慈容，抑鬱盤胸緒茫茫。論詩四境難與易，淺深自得各勝場。昔我追隨林夫子，儼然威望眞軒昂。細把金針相度與，同師此論張維綱。東坡汝陰訪六一，此生三過平山堂。山色有無知己少，心中豈可忘歐陽。公與六一同襟抱，見人一得皆揄揚。提攜後進勤教誨，才德存心何敢忘。明春我欲西洲去，落山磯畔時徜徉。師生相見傾樽酒，縱然一醉又何妨。遠道綿綿思無盡，賦詩瑣屑不成章。情到深時難具說，一言一字皆衷腸。

行香子　歲暮有懷仲謦師用東坡綺席纔終韻

一歲將終。思緒添濃。憶吾師韻味無窮。三杯好酒，竹葉泥封。對駢驪句，清懷語，若乘龍。　落杉磯畔，雲霧時鍾。欲明年共醉春風。喜聆教誨，似出樊籠。說心頭話，詩意趣，兩從容。

中華民國八十七年六月二十一日

生陳新雄謹序於臺北鍥不舍齋

伯元倚聲·和蘇樂府自序

余於民國七十一年九月，初應香港浸會學院中文系之聘爲高級講師，系中同仁善於詩詞者夥，若何公遯翁、陳君耀南、曾君錦漳、韋君金滿皆其人也。遯翁前輩學者，詩詞名家，且爲余之鄉長，指導後進，不遺餘力。陳、曾二君，各有專業，興之所至，餘力爲之。於詩詞方面，與余最相契者，則韋君金滿是也。余初履是土，韋君即以懷燕廬詩稿相贈，以詩相知，往來酬唱，幾無虛日。其後韋君於詩之外，復挑之以倚聲，余亦依韻和之，一年之中，得稿十二篇，幾月賦一闋，今收於《伯元吟草·香江煙雨集》中，可謂漸入倚聲之門，得按譜以塡詞者矣。

民國七十七年余再應浸會學院中文系聘爲首席講師，除講授聲韻學外，復兼授專家詩詞，余以眉山蘇長公，挺然大節，群臣無出其右；忠規讜論，後世咸相推崇。器識之閎偉，議論之卓犖，文章之雄俊，政事之精敏。千古以來，一人而已。而其浩然之氣，特立之志，與其特有氣質，皆與生俱來；表表高標，昂首無懼，尤足爲後人之楷範者也。且其立身行事，卓識獨行，不僅見之於詩文，更能擴大於詞場。詞至東坡，橫放傑出，曠達豪邁，始洗綺羅香澤之故態，盡覆花間靡麗之舊軌，極情文之變化，開樂府之境界，洵前人之所未有，爲曠古之新創格。以議論馳騁，摭經入子，檃括詩文，詞題繫序，斐然長言，自成體製者，皆長公啓之也。蓋令詞自晏歐以降，其勢已頹，耆卿闡變於聲情，變小令而爲慢聲；坡公肆奇於文字，轉綢繆以成慷慨。是則昔之瑩冰輝露，不著跡象爲尙者，至是泮爲江河，而沛然莫之能禦者矣。故即以蘇詩蘇詞授之，諸生亦樂而受業焉。

今世黌宮之中，其任詩詞講席者，往往專於賞析，而忽於習作。專於賞析則徒知意境聲辭之華美，忽於習作則闇於布局經營之艱難。故余之授諸生以《東坡樂府》也，以爲欲明賞析，則不但宜明其詞義與典故之出處，且應進而探其布局與修辭；而尤其重要者，應輔之以讀史事，庶幾於詞人之襟抱，寫作之背景，皆所曉暢，而於其創作動機，自非矇矓也。賞析亦非專指辭藻，其格律聲響，難以忽略；故授之以吟誦，俾能領悟詞語音節之鏗鏘，抑揚頓挫之佳妙。陸機〈文賦〉嘗言爲文構思情狀曰：「六情底滯，志往神留，兀若枯木，豁若涸流，攬營神以探賾，頓精爽於自求，理翳翳而愈伏，思乙乙其若抽。」若非自行習作，何能體悟營構之際，思緒翳伏，靈感底滯之艱辛；與夫成文之後，流漓濡翰之舒暢，情貌不差之適意耶！

欲令諸生習作，達其情思，曷若以身作則，先垂佳範。丁卯之秋，余再履香港，是時香港回歸在即，人心惶惶，無所適從；加以六四屠殺，血染京城。目睹大變，感慨尤多。是以乃有全和蘇詞之議。黃生坤堯，學有本源，仲譽師謂其「詞筆天成，功深錘鍊，近淸眞白石」者也。聞而奮臂而出，欲賡相和，以相督勉，故此集之成，與有力焉。坤堯非僅有督勉之功，且爲拓展詞境，搜羅詞料，皆預其間。縱遊香港之外，復陪歸故國，發軔於五羊，賡跡於惠州，北京攬勝，太原訪古。登太白山巓，雖未睹乎天池；摩雲南雪嶺，實親抵於虎峽。匡廬煙雨，章貢合流，鬱孤臺下，雖非衣錦；峰山頂上，實觀八境。蘇辛之豪邁，周姜之綿密，師弟深情，借伏酒以舒懷；家園往蹟，擬縱筆以追思。遊子思鄉，情緒千端，其中瑣屑，亦難盡達，胸中鬱積，藉詞以洩。觀黃生所叙，蓋形實象者也。

余塡詞未久，先師林公景伊即歸道山，失我恩師，求正無從。猶憶民國四十八年秋，余自國立臺灣師範大學國文系卒業，先師林公薦之於東吳大學中文系，任聲韻學講席，先師恐余年少氣浮，致失期許。因邀宴同系師儒，以身垂範，協力啓導，俾承先啓後，光耀師門，不墜師學，而仲譽師在座焉。自爾以來，余於先生，即等同弟子，先生於余，亦誨勉有加。余之赴港講學也，先生贈之以詩云：

便有豪情供吐納，可堪愁損不能神。孤軍角藝哀張楚，短筆污塵恥美新。也識谷音少知己，故將雜説藐蒐人。楸枰黑白紛難折，抱我心頭一寸春。

其關懷矜憐，溢乎詞表，沁人心肺，讀之泣涕。余初抵香港，先生即有函相慰云：「足下淵默自守，落落寡合，性眞學實，皆違時尚。屈子云：吁嗟乎！誰知吾之廉貞？感慨愴觸，古今一揆也。弟閱人多矣，聊書所感，以慰遠人。」自景伊師歸道山，先生與余，書翰無缺，時達四、五紙，長篇累幅，字無間隙，輔之導之，誨之勉之，期許之深，尤感愧無既也。每有習作呈閱，先生皆細心閱讀，詳爲批注，而理析微芒，鞭擘入裡。優劣所在，開示綦詳。今歲先生年近九旬，而思慮精密，少壯不及。甫完成大箸《文心雕龍要義申述》，聞余《和蘇樂府》竣事，萬里賜序，慰勉深矣。蓋余自和蘇伊始，稿即呈閱，醞釀經歷，皆所熟知，故能覶縷述來，要言不煩，而期許殷切，尤見深情也。敬謹其身，叩頭伸謝。

停雲思舊，溯自戊午，雨盦主社，戎庵輔之，夢機總綰，余司監察，各有所主，未有少懈，猶如桌有四足，相協同工。雖光陰荏苒，瞬滿廿載。而思舊聚會，創作無間，今聞《和蘇》告成，詩友雅懷各賜題詞，相互激勵。潘師石禪寵錫題簽，沾渥無旣，遂令本集，倍增光彩，師友深情，均所銘感。是爲序。

中華民國八十七年十一月十二日

陳新雄謹序於臺北和平東路鍥不舍齋

林炯陽先生六秩壽慶論文集序

民國四十九年，余初識炯陽於東吳大學聲韻學課堂，時君弱冠，雙眸炯炯，英氣內發，書法雋秀，故印象深刻。其時君以新詩創作，蜚聲黌舍，共世英髦，千里相騁；同心摯友，齊足並馳。洵當日之盛況，亦雙溪之美談也。

其後七年，復會於國立臺灣師範大學聲韻學講堂，君以詩緣情生，情發於聲，聲而成文，乃謂之音，無論古今，除求意境圓融，雕琢辭彩之外，尤宜聲隨情變，音韻鏗鏘，始足以動人心弦，振作精神。故杜甫詩律，不厭其細，調利口吻，力求順暢。其考入師大國文研究所，欲從事於聲韻學之專研，初從余撰寫碩士論文，以《魏晉詩韻考》一文，而得碩士學位，鶯啼初試，已備為人所推崇者矣。當今聲韻名家張琨博士，即嘗數數稱述，翻簡可考，無待贅述。

旋求深造，復考入師大國文研究所博士班，而問學於余，余告以法言嘗云：「凡有文藻，即須明聲韻。」《切韻》原書，今雖不傳，然其聲韻系統，囊括於《廣韻》，是則詳究《廣韻》切語，自可得其統系矣。君聞而好之，窮六載之鑽研，完成博士論文《廣韻音切探源》一文，經教育部考試通過，授予國家文學博士學位。未久，受聘爲東吳大學教授，並兼任於輔仁、逢甲兩大學中文研究所，其間復綰東吳大學中文研究所長與中文系主任，爾來已逾二十年矣。

大學中文系學生，以聲韻難學，每懷履薄臨深之戒，而多戰慄恐懼之苦。我中華民國聲韻學人，爲解其惑，祛其疑，除其恐懼，示以坦途，乃相約組織中國聲韻學會，共推余爲主持人。民國七十七年，中華民國聲韻學會正式成立，會員推選余爲理事長，余提名炯陽爲祕書長，經理事會無異議通過，綜綰會務，舉辦學術討論會，出版《聲韻論叢》、《聲韻通訊》，會務井井有條，氣象一新。君以卓著勞績，聲譽日盛。迨余之理事長任期屆滿，會員乃群推君爲繼任理事長，兼理事長與祕書長二重要職務於一身，奠定基礎。故聲韻學會雖已三易理事長，而已出版七鉅冊《聲韻論叢》，舉辦國際學術會議七次，全國學術會議十七屆，猗歟盛矣，舉國學會之中，蓋無出其倫者。君襄輔擘劃，協調主持，功不可沒，非君賢勞，孰克臻此者哉！

退之有言：「莫爲之先，人莫之知；莫爲之後，人莫之傳。」余嘗有詩書慰炯陽云：「是是非非徹是非。是非非是道方微。謫仙尙有楊高厄，獨鶴任敎雞鶩誹。得失姸媸心自了，窮通榮辱願多違。他年看舉天南翼，斥鷃林鳩羡汝飛。」民國八十八年歲次己卯，十月初五日吉旦，爲烱陽六十初度，烱陽成己之勤，既復如彼，成人之力，又篤如此，故造就人材，爲數至夥。其故舊門人僉議印行論文集，以資慶祝，以余爲烱陽博碩士論文指導教授，從遊歲月，最爲長久，因徵序於余。余竊思維，烱陽與余，平素相見，情愫融洽，相談至歡，了無隔閡；然奉事惟謹，執禮至恭，言語進退，未嘗逾越。豈惟承先啓後，廓清是非，且能翼舉天南，令鳩鷃羡飛，作則垂範，啓沃門徒，故樂爲之序，道余所知於烱陽者，以爲烱陽壽，且爲天下告也。

中華民國八十八年一月二十八日

陳新雄伯元序於臺北和平東路鍥不舍齋

律聯韻粹序

民國六十八年頃，余初識高君明誠於師大國文研究所暑期進修班，君投我以詩，余亦報之，此後詩函還返，年必數巡。然後知君之愛詩、好詩，蓋出其本心；而其賦詩、吟詩，亦率由眞情。《詩·序》嘗云：「詩者，志之所之也，在心爲志，發言爲詩，情動於中，故形於言，言之不足，故嗟歎之，嗟歎之不足，故詠歌之，詠歌之不足，不知手之舞之足之蹈之也。」詩既以言志，然則君之志何在？二十年來，君教導學子，沉浸學術，教而不倦，學而不輟，然念念以中國學術自任，時時以中原雅音教人，飲水思源，嚙果尋本，故君不自絕於炎黃子孫，不自外於大漢血胤，以此自勵，以此教人，諄諄不息，黽勉無已。故發爲詩歌，必華夏之正聲，中州之雅韻也。

君之詩作，情意暢達，無隱而不達之情，無竭而不宣之旨。余嘗怪其何術以致此耶？正思慮間，君忽叩門而入，持所編《古今分韻詩選》一冊以示余，以古今詩人之律體詩，以詩韻上、下平三十韻之次第，按韻選錄，檢一韻而詩家群現，查一字而珠玉駢臻，誠學詩之妙術，習詩之絕技也。猶憶昔年，余亦愛詩，而不得其法。先師林先生景伊（尹）誨余曰：「汝欲將詩寫好，應多讀蘇東坡詩。」時余已大學卒業，年齡既長，記憶不若童年，不能每詩背誦，則所謂「多讀」者，當如何以讀之，始爲「多」乎！久之，始以余熟練《廣韻》切語之法，盡數抄錄。余抄蘇詩，先按《佩文韻府》三十平韻韻目註記於每詩之下，然後依一東、二冬……

三十平韻之次，逐詩抄錄，因有《蘇詩分韻類鈔》之作，初亦不自覺，迨抄畢下平一先韻後，作詩如有神助，昔之苦思而不能成篇者，今則振筆而成，此固可爲知者道而難與衆人言也。今君此法，竟與余之所學，同出一轍，何相契之深耶！

君非特有《古今分韻詩選》之作，今復再進一層，欲將古今詩人律詩中之對句，按韻摘出，依韻彙聚，而編爲《律聯韻粹》。昔康熙御敕所撰《佩文韻府》，經始於康熙四十三年，五十年書成，以帝王之力，集滿朝儒臣，尚費時八載，始克竣事，可供詞人抉擇詞彙之參考，有益詩人撰寫詩文之啓沃，然多以二字、三字爲類，最多四字成詞，猶未若高君此作之摘錄對句之詳備也，其有功於詩學，固不待言。

故樂爲之序，以告世之用此書者。

中華民國八十八年一月二十九日

陳新雄謹序於臺北和平東路鍥不舍齋

師範大學輔仁大學中文研究所東坡樂府賞析彙編序

余承乏臺灣師範大學國文研究所與輔仁大學中文研究所東坡詞專題研討以來，以《宋史·蘇軾·傳論》稱東坡挺挺大節，群臣無出其右。其器識之閎偉，議論之卓犖，文章之雄俊，政事之精敏。古今士大夫蓋罕有其比，其立身行事，卓識獨行，往往見之於詩歌。而蘇長公之詩遭烏臺詩獄之誣陷迫害，雖未損長公之志節，然自此以後，其有難言之隱者，往往見之於詞，蓋以詞爲意內言外也。故詞至東坡，橫放傑出，曠達豪邁，始洗綺羅香澤之故態，盡覆花間靡麗之舊軌，極情文之變化，開樂府之境界，洵前人所未有，爲曠古之新創格。以議論馳騁，摭經入史，檃括詩文，詞題繫序，斐然長言，自成體製者，皆長公啓之也。蓋令詞自晏歐以降，其勢已頹，耆卿闡變於聲情，變小令而爲慢聲；坡公肆奇於文字，轉綢繆以成慷慨。是則昔之瑩冰輝露，不著跡象爲尙者，至是泮爲江河，而沛然莫之能禦者矣。故即以東坡樂府以課諸生，諸生亦樂而受業焉。

今世黌宮之中，其任詩詞講席者，往往專於賞析，而忽於習作。專於賞析則徒知意境聲辭之華美，忽於習作則闇於布局經營之艱難。故余之授諸生以《東坡樂府》也，以爲欲明賞析，則不但宜明其詞義與典故之出處，且應進而探其布局與修辭；而尤其重要者，應輔之以讀史事。庶幾詞人之襟抱，寫作之背景，皆所曉暢，而於其創作動機，自非曚曨也。賞析亦非專指辭藻，其格律聲響，難以忽略，故授之以吟誦，俾能領悟詞語音節之鏗鏘，抑揚頓挫之佳妙。余嘗自思，若非有習作，則何能體會營構之間，思緒翳伏，靈感底滯之艱辛；與夫成文之後，流漓濡翰之舒暢，情貌不差之適意耶！

欲令諸生習作，達其情思，曷若以身作則，先垂範例。故余每授畢一詞，必以一己和韻之作，列於篇後，作爲附錄。諸生亦深體斯意，堯牆舜步，摹擬生姿。每篇之後，亦附步韻之作。本輯收錄賞析之篇，計師大陳明恩、許奎文、呂瑞萍、周美吟、夏薇薇、賴慧貞、賴玫怡、吳瓊玫、謝雲青、陳虹如等十篇；輔大何思慧、黃蕙心、莊樹淳、莊靜茹、李娟鵑等五篇，總計十五篇，既可作爲切磋之資，亦所以永留紀念，所謂千仞之山，起於跬步者也。因取余〈水調歌頭・丙辰中秋歡飲達旦大醉作此篇兼懷子由〉賞析一篇弁

首，並請爲序言，余喜諸生之黽勉向學，故書此篇以歸之，

諸生其勉乎哉！

中華民國八十八年三月二十日

陳新雄序於臺北市和平東路二段鍥不舍齋

詩經論文序

昔余從先師林景伊（尹）先生治聲韻訓詁之學，先生誨示，欲熟古韻，必先究《詩經》，析其韻腳，勒其部居。余謹受教，退而析其韻腳。然方一著手，艱難立見。江永嘗云：「古有韻之文，亦未易讀，稍不精細，或韻在上而求諸下，韻在下而求諸上，韻在彼而誤叶此；或本分而合之，本合而分之；或閒句散文而以爲韻；或是韻而反不韻；甚則讀破句，據誤本，雜鄉音，其誤不在古人而在我。」於是惕然而懼，凡定韻腳，必先讀《詩·序》，明其詩旨，然後始敢定其句讀，析其韻腳。

《詩·序》之文，紬繹愈久，其於詩旨，愈覺相合，而無齟齬。詩義既得，韻腳所在，乃如剖竹，迎刃破節，毫無躓礙。其後婺源潘師石禪歸之香江，接掌文化學院中文所務，適余亦主持系務，先生開設「詩經研究」一課，余爲印證所學，乃親率諸生聽講，聚會既多，所見多同。蓋詩以言志，志動於中，歌詠外發，六藝所因，四始攸繫，王化之基，於是乎在。然古詩無題，詩義微婉，寄興悠遠，難以指說，先賢子夏，親受聖人，爲裁《詩·序》，故隱義暢達，無邪之旨，興怨之情，乃粲然可睹，的然日章。故漢唐諸儒，謹守弗墜。趙宋以來，明心之學興，稽古之功弛。治經之儒，不守家法，師心薄古，各逞臆說。於是鄭漁仲辨妄於前，朱元晦置疑於後，流風所及，邪說蜂起，異端並出。迤邐至於今日，說經之士，言《詩·序》則斥爲迂，據傳箋則目爲腐，指鄭衛皆淫辭，說二南咸附會，古之詩教，蕩然無存，或指說爲戀辭，或牽附爲奴歌，扣盤捫燭，曷勝慨歎！

林生葉連於文化學院從余習小學，篤實沈靜，有得於心；於研究所復從石禪師習《詩經》，學出一門，論議多合，余喜其不沾時習，篤守根本，孜孜不倦。近出其《詩經論文》一集，問序於余。余觀其所輯八篇：曰《詩經》的指南——《詩序》，曰《詩經》的愛情教育——以〈關雎〉篇爲中心，曰釋〈召南·甘棠〉「勿翦勿拜」，曰談〈豳風·七月〉，曰論《詩經》之興義及其影響，曰《詩經》的教化功能，曰從「知人論世」之原則看《詩經》，曰論「溫柔敦厚，《詩》敎也」。每篇皆《詩》中鍵鑰，經旨所關。而林君皆能覈其詁訓，考其名物，探其大旨，繹其名理。且能索本窮源，揭其根本，思與理暢，情隨文發，辭愜於理，義切於心。林生能於舉世滔滔循鑿空，逞臆說之際，而不習時尚，不騖新異，恪守師說，實事求是，糾疑序之紕謬，導經旨於正道。余喜其能循古則，秉持古義，故樂爲之序而以告世之君子云耳。

中華民國八十八年五月二十日

陳新雄謹序於臺北市和平東路二段鍥不舍齋

清懷詞稿·和蘇樂府序

歲在戊辰，余再役香江，復受聘爲香港浸會學院中文系首席講師，除講授聲韻學外，更兼授專家詩詞。余以眉山蘇長公，挺然大節，群臣無出其右，忠規讜論，後世推崇備至。器識之閎偉，議論之卓犖，文章之雄俊，政事之精敏。千古以來，一人而已。而其浩然之氣，特立之志，及其特有之氣質，皆與生俱來；表表高標，昂首無懼，尤足爲後世之楷模者也。故即以長公《東坡樂府》授諸生，諸生亦樂而受業焉。

今世黌宮之中，其任詩詞講席者，往往專於賞析，忽於習作。專於賞析則徒知意境聲辭之華美，忽於習作則闇於布局經營之艱難。故余授諸生以《東坡樂府》也，以爲欲明賞析，則不但宜明其詞義與典故之出處，且應進而探其布局與修辭；於史事之瞭解，絕不可忽，倘明作者襟抱、寫作背景，則於其創作動機，自非朦朧也。陸機〈文賦〉嘗言為文構思情狀曰：「六情底滯，志往神留，兀若枯木，豁若涸流，攬營神以探賾，頓精爽於自求，理翳翳而愈伏，思乙乙其若抽。」若非自行習作，何能體悟營構之際，思緒翳伏，靈感底滯之艱辛；與夫成文之後，流離濡翰之舒暢，情貌不差之適意耶！欲令諸生習作，以達其情思，曷若以身作則，先垂佳範。戊辰之秋，余再履香港，是時回歸在即，人心惶惶，無所適從；加以六四屠城，血染京師，目睹大變，感慨尤多。《東坡樂府》收詞三百餘首，最足以抒我悲憤，發其鬱紆者也，是以乃有全和蘇詞之議。

黃生坤堯初從吾友桐城汪中遊，學有本源，仲馨師謂其「詞筆天成，功深錘鍊，近清眞白石」者也。後復從余治訓詁，而能有得於心，卒以《經典釋文動詞異讀之研究》一文，而榮獲香港中文大學哲學博士。生之治學也，先由詞章而逆探詁訓，與余之治聲訓而直達詞章，雖徑路有異，而其歸則一。余嘗贈以〈臨江仙〉詞，中有句云：「詞章文字總同歸，源流雖不一，表裡實相依。」蓋謂此也。生聞余有全和蘇詞之議，乃奮臂而出，欲賡和作，師生相約，未底於成，絕不終止。互勵互勉，相爲督促。方余懈怠，接生來詞，而靈思忽動，汩然以出。或生久未作，余詞適寄，生亦靈臺乍明，思緒如雲，狀若峽水，滾滾而來矣。故余《和蘇樂府》之成，坤堯與有力焉。坤堯之作，余亦有助成之功也。

憶初抵香江，孤零一身，坤堯穗蘭，伉儷相將，或約郊遊，或陪樽敘。西貢海濱，踏遍黃沙；八仙嶺上，攀盡青條。敦豪酒店，持螯賦詩；敘香園裡，炙豚飄香。江城名士，黌舍宏儒，一時俱集，敞懷暢飲，固未知天地之將旋覆也。陪歸故國，縱遊禹甸，發軔羊城，賡跡惠州，北京攬勝，威海傷頹。登太行之山，太原訪古；摩北嶽之巔，塞外縱目。太白之峰，寒霧彌茫，未見天池；雲南雪嶺，皎日麗天，實抵虎峽。鴨綠江頭，適逢父親佳節，諸生以一日之師，乃終身之父，既獻蛋糕，復歌頌詞。鬱孤臺下，難言故里深情，姚黃二弟相隨，臺辦禮車相迎，雖非衣錦，鄉人亦引為奇榮也。匡廬煙雨，含鄱湖之浩蕩；峰山頂上，望章貢之合流。古虔勝景，實含八境。蘇辛之豪邁，周姜之綿密，師弟深誼，情感交流，靈犀照通，相視無礙。借伏酒以舒懷，遂縱筆以和詞。

今歲十月二日，余全和蘇詞出版，顏曰：《伯元倚聲·和蘇樂府》，從業諸生，以其師之不舍，足以垂示後昆，故特假首都臺北市立圖書館，舉辦《伯元倚聲·和蘇樂府》新書發表會，學界雲集，人逾三百，堪稱盛況。余正回味生徒之情義，與師友之垂愛，沉浸其間，陶陶自樂。黃生電子傳函，謂和蘇亦竟，屬爲題名，竊自思慮，余之詞集，名爲《伯元倚聲》，生之詞集，稱作《清懷詞稿》，《和蘇樂府》皆其部分耳。若余之書，年以垂老，再作爲難，或將止此；君正壯歲，腦力旺盛，他日成就，殆未可量，因爲取名

《清懷詞稿·和蘇樂府》，期後更有述作，故同交文史哲出版社印行。師弟同遊，兩集參翔，詞苑雙疊，此唱彼和，和蘇之作，次第完成，亦儒林之佳話，詞壇之美事也。書名之中，同中有異，正足以紀此一段因緣。故樂爲之序，以爲讀斯篇者告也。

中華民國八十八年十一月三日夏正己卯九月二十六日

陳新雄序於臺北市和平東路二段鍥不舍齋

伯元吟草自序

余自幼兒，即從先君受書，先君夙好吟詠，每遇詩詞，輒咿唔吟誦不已，受此薰陶，幼遇詩文，即能朗朗上口，吟誦無訛，然何者爲詩，何者爲文，聲律何異？實茫然不解者也。

民國四十二年，余就讀建國高中，取道萬華，乘車返家，時家住鶯歌，盛暑口渴，乃就攤位，購洋桃汁一杯，飲以解渴。至晚腹痛如絞，上吐下瀉，以今視之，蓋食物中毒，殆急性腸炎。當時鶯歌小鎮，醫療缺乏，先君乃攜我往當地野戰醫院求治，醫生新手，未有經驗，誤斷爲急性盲腸炎，妄動手術，而又未見盲腸，匆匆縫合，旋發高燒，傷口崩裂，因轉臺大醫院，醫院一躺，爲時三月，雖傷口未癒，而精神實佳。先君見我如此，爲排遣無聊，乃購千家詩一冊，令時閱讀，以解煩悶，該冊千家詩，每詩之旁，皆印註平仄。余吟誦之際，忽然體悟，何者爲平？何者爲仄？無意之間，辨識平仄，詢之先君，屢試不爽。先君欣然，乃詠各詩，令加辨析，悉能聞聲知音，心識差異，毫釐辨析，壹無障礙，人生快事，莫過於此。先君乃令作詩，雖不中理，然平仄無訛，是余讀中學之時，已能辨識平仄格律，具備習作古典詩詞之基本知識矣。

及入大學，從先師瑞安林公景伊受詩，師凡授一詩，必令熟讀，且又因余夙諳吟誦，凡有誦讀，師多指定由余吟讀，無形之中，增加歷練機會。惟其時先師以爲學問基礎，首在小學，故以《廣韻》、《說文》相授，欲余先識文字，後通經學，尚無暇以從事詩詞之創作也。惟先師常曰：「在熟練小學過程中，若遇艱難，可稍作休憩，閱讀《昭明文選》與《十八家詩鈔》以資調節，輕鬆情緒。」故在學業完成之前，作詩雖可平仄無訛，然尚不可謂識作詩也。

民國六十四年四月五日，先總統蔣公崩殂，全國民衆哀戚不已。余在師大講授聲韻學，課中提及蔣公崩逝事，諸生乃紛紛要求率同前往國父紀念館謁靈，余亦欣然應允，諸生又以該班導師亦欲一同前往，欲提前於六時出發，其時余夜讀甚遲，早起爲難，乃令諸生先往，我稍後再來。及至國父紀念館，已經人山人海，各地前來謁靈群衆，已將國父紀念館團團圍住，余不得其門而入，徘徊半日，鬱悶異常，思有以排遣之，於是乃作〈恭悼總統蔣公〉一詩，費時一週，始克完成，而完成之後，自認爲平生第一佳詩，乃持以呈先師林公景伊，林公讀後謂：「欲將詩作好，宜多讀蘇東坡詩。」於是退而讀蘇詩，時年近不惑，欲求多讀，如何讀法，方爲多讀，背誦固可多讀，然易記亦易忘；人一能之，己則十之，自屬多讀，故將《十八家詩鈔》中之蘇詩律絕，先按《佩文韻府》韻目分韻，然後作蘇詩分韻類鈔，自上平一東韻始鈔，因手之鈔寫，較目之流覽，速度遠遜，難以相等，即手寫一詩，眼已快覽五遍，以此方法，多讀蘇詩，效果顯著，迨鈔畢下平一先韻後，作詩如有神助，自爾以來，凡余作詩，罕有超過二小時者，語云：「熟讀唐詩三百首，不會吟詩也會吟。」余爲之改作曰：「蘇詩手寫千篇後，心裡無詩也有詩。」此爲余心得之言，願著於此，以告天下之同道焉。

停雲結社，月試一課，古近體詩，皆須練習，余未入社前，未寫古風，自入社後，月試一課，古風近體，兩不可缺，二十年來，未嘗間斷，其鍛鍊之功，功效至顯。夢機社友，學承魚千里，早有詩名，爲引余興趣，時投詩篇，並屬和作，此往彼來，迭爲酬唱，有時疊韻，竟達十篇，則余之賦詩，夢機牽挽之功，蓋不可沒也。歐陽子曰：「詩窮而後工。」余詩雖不工，然其出於窮而作，則有似之者，蓋窮謂無奈，非僅仕途之無奈，生活之無奈亦然。余賦詩之始，適內人赴美進學，夫妻遠別，諸兒相繞，夜幕低垂，熒熒燈光，最足以觸動思緒，激發情愁，於是乃將一切可欣、可喜、可戚、可悲之懷，一一洩之於詩，以排遣其寂寞感慨也。

民國七十一年秋，余應香港浸會學院中文系之聘爲高等講師，系中同仁善詩者衆，若何遯翁、韋希眞、陳耀南、曾錦漳皆其人也，遯翁詩老，與余同鄉，指導後學，不遺餘力，詩篇往返，多承指教，受益良多。更由諸君之汲引，乃進識香港涂公遂、王懷冰、蘇文擢、文疊山諸詩老，而黃生坤堯亦預其間。其時香港新界，租期約滿，交還中國，理應如此。然港九商界，慮回歸中國，產爲所共，則累代辛勞，盡化烏有，乃有歸還主權，續掌治權之說，醞釀久之，終乃由英相柴契爾夫人往北京與鄧小平等會商，柴契爾在北京人民大會堂內外一跤摔下，主權治權，兩皆烏有，港人惶惶，不可終日，港幣暴跌，百貨騰湧，居此之時，家國之感，尤所縈懷。一年之中，積稿百篇，今刊於《伯元吟草·香江煙雨集》中。民國七十七年，余再履斯土，回歸已定，無可復爭，惟港人治港，法條未定，基本法則，仍多爭論。迨天安門外，民主潮起，士農工商，群起爭權。中臺港澳，歐美日韓，華夏兒女，炎黃子孫，紛起聲援，百萬民衆，街上遊行，處此境況，其有血性，莫不沸騰。凡我華人，莫不以爲中國之自由民主，將畢此一役矣。孰料六四屠城，血染京城，目睹大變，感慨尤多，而皆一一紀之以詩，以洩我心頭之憤也。

大變既平，兩岸交流，學術會議，躬身參與。於是祖國河山，多所歷覽，發軔於五羊，謁黃花烈士，賡跡於惠州，拜朝雲古塚。北起恆嶽，訪古太原，南極深圳，新造名都。

三峽縱覽，節灘盡失，五臺瞻禮，寺廟猶存。北京攬勝，古跡鱗比，曲阜縱目，聖學垂訓。登太白山顛，雖未睹乎天池，摩雲南雪嶺，實親抵於虎峽。太湖一瞥，浩汗無涯，洞庭泛舟，君山仍翠。即西子之濱，尋蘇堤之美，抵寒山之寺，撞夜半之鐘。黃浦灘頭，初識滬瀆，觀豫園之擾嚷，覽浦東之新象。玄武湖畔，鍾山虎踞。國父陵墓，巍然獨在，豐功偉績，肅然起敬。匡廬煙雨，章貢合流，鬱孤臺下，雖非衣錦，峰山頂上，實觀八境。家園往蹟，實縈懷於夢想；遊子思鄉，遂縱筆以追思。乍履故土，情緒千端，其中瑣屑，亦難盡述。心中鬱積，藉詩以表，二紀以來，得詩千首。皆所謂情發於中，而形之於言者也。

余賦詩伊始，幾每一成篇，皆持向先師林公景伊請益，推敲字詞，意趣津然，而師開示詩眼，縱談詩法。於詩之虛實相成，有無相生，人我相將，時空相配，正反相待，今古相對之理；及用實辭以茂其華葉，多虛字以通其凝滯諸端，皆娓娓道及，猶懼余不達其旨，於是師凡有作，即以稿相示，所以示余作詩之法也。既讀蘇詩為之根柢，又得先師為之指迷，故詩乃稍進，足以與人唱和也。迨景伊師歸道山，失我恩師，求正無從。猶憶民國四十八年秋，余甫自國立臺灣師範大學國文系卒業，先師林公薦之於東吳大學中文系，任聲韻學講席，先師恐余年少氣浮，致失期許。因邀宴同系師儒，以身垂範，協力啓導，俾承先啓後，光耀師門，不墜師學，仲馨師在座焉。自爾以來，余於先生，即等同弟子，先生於余，亦誨勉有加。余之赴港講學也，先生賜函相慰云：「足下淵默自守，落落寡合，性眞學實，皆違時尙。屈子云：『吁嗟乎！誰知吾之廉貞？』感慨愴觸，古今一揆也。弟閱人多矣，聊書所感，以慰遠人。」其關懷矜憐，溢乎詞表，沁人心肺，讀之泣涕。故自景伊師歸道山，先生與余，書翰無缺，近年赴美長住，猶不忘情，批示呈稿，嘗賜函云：「近日復出尊稿，反覆閱讀，寄慨之深，發憤爲作，詩人性情，古今一例，惜旅美天各一方，東西遙隔，不獲把酒傾談，如賜詩中之『春城桃李三杯釅，故國情懷一笑同。』蓋以今日『庸主』、『百僚』之表現，的確『看來在劫如南宋，直諫之言久已空。』在劫已不可挽救矣。尊詩中〈讀王莽傳〉一首，弟最喜悅，其中名聯：『元成世代推心腹，炎漢朝廷變莽新。』不亞於『三顧頻煩天下計，兩朝開濟老臣心。』不徒詩妙，亦恰如其人也。愚謂詩有四境界，初學詩者，不拘體，不限韻，不知詩爲何物，自以爲是，此一階段，大有人在，弟曾諷勸而不蒙採納，即永久不獲進境，不獲自拔，乃至誤人而不自知，此一境界是『易』境。有心人爲求進境，則發奮爲雄，努力由『易』進『難』，此時方知作詩不易，是爲『難』境。眼見他人之苦吟而有奇句，求之而未能，惟有藏拙一途，此弟今日之境界，停留此境而不能進也。如欲求進，則是『難』中求『易』，此足下今日之造詣也。作詩奮進到此，則意到筆隨，揮洒自如，所謂有必達之意，無難顯之情矣。弟此論乃專指作詩之甘苦而言，還需加上個人才秉，倘才學俱備，即劉彥和所謂『學爲盟主，才爲帝師，主佐合德，文辭乃霸。』斯言誠然，自來名家，莫不如此。」因承謬愛，雖爲過譽，然其勉勵之切，則洋溢乎行間也。去歲先生九秩嵩慶，腦力不衰，思慮精純，甫完成大著《文心雕龍要義申述》，聞余《伯元倚聲・和蘇樂府》竣事，乃萬里賜序，今歲復聞拙稿《伯元吟草》即將付梓，又賜長序。蓋余詩稿，每呈請政，醞釀經歷，素所熟知，故能批竅導款，中其肯綮，而期許殷切，尤見深情也。

停雲思舊，溯自戊午，雨盦主社，戎庵輔之，夢機總綰，余司監察，光陰荏苒，瞬滿廿載，而思舊聚會，創作無間，今聞《伯元吟草》刊行，雨盦、戎庵各賜序言，夢機忒謙，以爲《香江煙雨集》已作序言，故不欲複重。爲求其全，乃將《香江煙雨集》何遯翁、汪雨盦及夢機三序移入附錄，以見因緣，並示銘謝。友朋生徒，益見推愛，各賜題辭，此皆聲氣相通，所以相勉者也。潘師石禪，寵錫題簽，沾溉無旣，遂令本集，益增光彩，師友生徒，深情厚愛，均所銘感。是爲序

中華民國八十八年十二月二十二日

陳新雄謹序於臺北市和平東路二段鍥不舍齋

林炯陽教授論學集序

炯陽初以新詩創作，馳名雙溪，基隆煙雨，草嶺晴雲，供其醞釀，令其揮撒，並世英髦，同心摯友，相互馳騁，各寫心期，固當時盛況，黌宮美談也。余亦以是時執教上庠，炯陽從余受聲韻學，君當弱冠，雙目炯炯，英氣內斂，書法雋秀，洵濁世佳士，屈指以算，蓋民國四十九年，迄今已過半世紀，而炯陽棄世，旋又期年，師弟深情，亦難以已也。

世人或以爲怪，新詩作者，何以後卻轉研聲韻，二者似格格之不入也。炯陽久事新詩創作，乃深體悟，詩緣情生，情發於聲，聲以成文，交織爲音。無論古今，所謂詩者，除意境圓融，辭采絢爛外，猶宜音隨情變，聲韻鏗鏘，始足以感人心絃，澡刷精神。惟有深識創造之艱辛，方能體會音律之嚴密。詩聖杜甫嘗云：「老去漸知詩律細。」炯陽實有以似之也。

炯陽在師大國文研究所，碩士論文爲《魏晉詩韻考》，博士論文爲《廣韻音切探源》，二者皆在余指導下完成，炯陽亦因此而獲國家文學博士，旋受聘爲東吳大學中文系教授兼主任與所長，前後八載，主持系務，培養學術人才，課餘之暇，復孜孜研究，勤於寫作，發表於世，就正海內外方家，深受好評。惟所發表者散於各處，搜集爲難，炯陽同門學友林君慶勳，門下弟子李昱穎、顏靜馨等，或追懷舊誼，或感念師恩，乃將炯陽生前論文，無論發表與否，概行收集，彙爲此編，編輯既成，問序於余。余聞退之有言：「莫爲之先，人莫之知；莫爲之後，人莫之傳。」炯陽既善爲人先，而昱穎、靜馨亦可謂善爲人後矣。余嘉其善，故洽請文史哲出版社彭正雄先生，爲之出版，既嘉慶勳弟不忘故友之善意，諸生尊師愛師之美德，亦所以告慰烔陽弟於九泉者矣。

中華民國八十九年二月五日夏正庚辰新年正旦

陳新雄序於臺北市鍥不舍齋

東坡詞選析自序

余讀王文誥《蘇文忠公詩編註集成·總案》，凡遇東坡詞，王氏皆註明其寫作年月及其背景，並附以原詞。余於詞牌，本不甚熟，詞句長短，原本不一，故解讀甚難。余爲貫徹讀畢《總案》本原，猶耐吾性，圈點完畢，圈點之方，先明詞之韻腳，再求韻腳間之句讀，漸進體會，終於可解。因而體悟，欲求盡解東坡之詞，莫如盡和東坡樂府，本此信念，故乃有《伯元倚聲·和蘇樂府》之作，然能賦能和，亦未必能解。民國七十七年，會余重獲香港浸會中文系之聘爲客座首席講師，而任專家詩詞，乃以《東坡樂府》以課諸生。爲使諸生瞭解詞旨，乃令閱讀史事，初以王文誥《蘇文忠公詩編註集成·總案》爲本，諸生讀後，亦每有事明文析之樂。

余昔讀陸放翁序施注蘇詩云：「若東坡先生之詩，則援據閎博，指趣深遠，淵獨不敢爲之說。某頃與范公至能會於蜀，因相與論東坡詩，慨然謂予，足下當作一書發明東坡之意，以遺學者，某謝不能，他日又言之，因舉二三事以質之曰：『五畝漸成終老計，九重新掃舊巢痕；遙知叔孫子，已致魯諸生。』當若爲解？』至能曰：『東坡竄黃州，自度不復收用，故曰：『新掃舊巢痕。』建中初，復召元祐諸人，故曰：『已致魯諸生。』恐不過如此。』某曰：『此某之所以不敢承命也，昔祖宗以三館養士，儲將相材，及官制行，罷三館，而東坡蓋嘗直史館，然自貶爲散官，削去史館之職久矣。至於史館亦廢，故云：『新掃舊巢痕。』其用事之嚴如此，而『鳳巢西隔九重門』，又李義山詩也。建中初，韓、曾二相二相得政，盡取用元祐人，其不召者，亦補大藩，惟東坡兄弟，猶領宮祠，此句蓋寓不能致者二人，意深語緩，尤未易窺測。』」王文誥《蘇文忠公詩編註集成·弁言》案語云：「放翁論公詩，專主論事，故云：『非得於故老不可。』其意不重徵引典實，與誥所見正同。序云：『東坡先生詩，淵獨不敢為之說』者，以公足跡，幾遍天下，其詩本是難詳。而熙、豐、祐、紹，朝局翻覆，有露於頭面者，有隱於肺腑者，或礙於本朝，未經明降，或干涉勢位，人門尚在，故云不敢也。范至能所欲發明東坡，正出此意，是以慨然。由此推之，放翁與至能言其大者甚備，至欲其筆之於書，故推諉也。」

余受陸放翁與王見大二人之啓發，因知東坡於詩，尙且意深語緩，未易窺測。乃因朝局翻覆，或事有難言，或語有所礙，因隱於肺腑，詩意難曉。東坡之詩，尙且若此。而詞原爲意內言外，其言在此，而託意於彼，勢必有更多隱忍難宣之心意，未可質實言之，尤不可顯揭其旨，惟有借此意內言外之詩餘，一宣其深忍難言之隱衷。故欲瞭解東坡詞中所含心事，則首應細讀其生平事蹟。

《宋史·蘇軾傳》謂東坡「挺挺大節，群臣無出其右。」「其器識之閎偉，議論之卓犖，文章之雄俊，政事之精敏，古今士大夫蓋罕有其比。」其立身行事，卓識獨行，不僅見之於詩文，更能擴大於詞場。詞至東坡，始洗綺羅香澤之態，而爲曠達豪放之作。橫放傑出，盡覆花間之舊軌，以極情文之變化，開樂府之新境界，洵前人所未有，爲曠古之新創格。東坡之詞，以議論馳騁，摭經摘子，檃括詩文，詞題繫序，斐然長言，自成體製者，皆坡公啓之也。蓋令詞自晏歐以降，其勢已頹，耆卿闡變於聲情，東坡肆奇於文字，則昔之瑩冰暉露，不著跡象者，至是泮爲江河，而沛然莫之能禦也。

余自港返臺，復任國立臺灣師大學國文研究所，東吳大學中文研究所，輔仁大學中文研究三所之「東坡詞專題研究」。余授諸生以東坡樂府也，乃講述與討論並重，習作與吟誦俱存。講授一詞，不但明其詞義與典故之出處，進而探求其修辭與作法，尤其重要者，必令諸生考求其每一詞之寫作背景，及其創作之動機。故講解時，必輔以讀史，庶幾於詞人之襟抱，皆所曉暢而無所滯塞也。爲導引諸生之作賞析討論，余乃自東坡詞三百餘首中，略選十一，以爲示範。今將此三十一篇詞彙爲一集，而顏之曰《東坡詞選析》，交由五南圖書公司出版。每篇之末，附以和韻之作，則所以示諸生塡詞之方也。蓋欲諸生習作，達其情思，曷若以身作則，先爲示範。吟誦之篇，別有影帶，今不具論。止述其編輯因緣如此，斯爲序。

中華民國八十九年三月十三日歲次庚辰仲春二月初八日

陳新雄謹序於臺北市和平東路二段鍥不舍齋

祭孔仲溫文

維

中華民國八十九年四月二十六日，歲次庚辰三月二十二日，中國文字學會理事長陳新雄，率全體理監事及會員代表，謹以香花、鮮果、清酒、素饈之奠，致祭於祕書長孔仲溫教授之靈前，而祭之以文曰：

嗚呼哀哉！嗚呼哀哉！仲溫仲溫。同行乍分。誰來釋字，孰與論文。思之悲哽，悲不忍聞。嗟爾幼良。負笈華岡。初涉文囿，已然含芳。凡爾師長，莫不揄揚。期如騏驥，逸足騰驤。君亦昂首，振臂流光。碩士博士，一一知方。登臨杏壇，器宇軒昂。靜宜初試，已紹章黃。聲韻學會，大顯光芒。移駕東吳，吟誦詩書。莘莘學子，顏喜眉舒。人樂其美，同味道腴。閃閃浮光，滄海明珠。如千尋木。如千竿竹。綠葉森森，衆人屬目。四方交聘，終出幽谷。雲飛天外，任君馳逐。中山祭酒，儒林當軸。人皆仰望，式暢爾轂。文字尊崇。四海攸同。會務萬緒，君任其隆。策畫入序，國本以充。祕書長職，綰領牋叢。重印舊籍，已見豐功。萬緒一本，次第宏通。如何不弔。奪我光曜。如折我臂，中心是悼。世事悠悠。曷寫我愁。自君之去，謀孰賡酬。人惟君子，旨酒思柔。而今而後，哀思無休。嗚呼哀哉！來嘗其饈。

異體字典序

民國八十三年九月二十八及二十九兩日，余承韓國國際漢字振興協會之邀請，以中華民國代表主題發表人身分，參加漢城「第二屆漢字文化圈內生活漢字問題國際討論會」發表論文。該次會議參加發表論文者，除中華民國由本人代表外，尚有韓國學者三人，中國大陸二人，日本二人。其未發表論文，僅參加討論者，則有韓國六人，中國大陸二人，日本二人。此次會議之主要議題，在於韓、日兩國深覺中共簡體字之推行，與傳統文字在字形上之差異，除增加認識之困難外，亦爲各國之間彼此溝通造成障礙，特別是中文電腦軟體流通之障礙。因此希望仍在使用漢字之各單一國家，共同研商，在現行文字基礎上，研究一種穩定字形式樣，訂定共同文字形式，然後進行標準化與統一化，以便彼此溝通與資訊之交流。

會後各國代表又共同簽署「合意事項」一紙，同意設立「國際漢字振興協會」，總部設在韓國漢城，其餘參與國家，則在其國內設立分會，以便將來共同商訂漢字標準化與統一化。會議期間，主辦單位韓國稱我方爲臺灣代表，大陸代表反對，希望我方改爲「中國臺灣」，本人因提相對建議，在對等基礎上，若我方稱爲「中國臺灣」，大陸亦不可逕稱「中國」，應改稱爲「中國大陸」，亦獲得大陸代表之同意，而列入「合意事項」中。同時各國代表共同決議，期各國代表返國之後，向各該國政府建議，將確立漢字共同型式作爲政府政策。

本人返國之後，一方面與中國文字學會連繫，經全體理監事同意並提經會員大會通過，在中國文字學會之下，設立「漢字振興小組」，並經全體理監事同意推選本人爲召集人。以便日後賡續參與會議，商討漢字共同型式。若我國不參加此項國際會議，則由於中共之參與，將來有關漢字之決議，勢必影響我國。則我國多年所推行之國字標準化工作，必將遭受莫大影響。若我國亦參與會議，則可聯絡日、韓、香港等各地代表，以抑制中共簡體字之擴大推行。一旦東亞漢字生活圈採用全體遵行之標準化漢字，我方亦可以現有之標準字體，提供並說服各國採行。否則，將來東亞漢字資訊統一化下，若排除我國，而完全採納中共意見，則我國在資訊科學方面之損失，將難以估計。故私下以爲茲事體大，不可等閒視之。又因漢城會議曾通過議案，由各國代表籲請各該國政府，編定異體字典，以便將來訂定東亞漢字統一型式之參考。

爲使我國在訂定標準化漢字方面能有卓越貢獻，故乃呈文教育部國語推行委員會，請在其職權之內研擬編撰異體字典之可行性，國語推行委員會李主委爽秋（鎏）與全體委員會議決定，爲延續教部推行標準字體政策之成功，及加強將來參與國際研訂漢字準型式之發言分量，乃毅然決定編撰異體字典，邀請全國各大學文字學撰家學者爲編纂委員，於民國八十四年正式成立異體字編撰委員會，由李鎏任主任委員，李殿魁教授及本人出任副主任委員，並請曾榮汾教授出任總編輯，於是招募各大學中文系畢業生爲助理，鳩工庀材，著手編定，發凡起例，每月兩次研討會議，於紛岐中求統一，於衆議中求兼顧，終於商訂體例，開始編訂，歷時五載，初步有成。先行上網，以徵信於社會，以求正於國際，因述其緣起如斯，至其編輯之細節，則有凡例存焉。斯爲序。

中華民國八十九年五月五日陳新雄謹序

稍有知識之國人，談及蘇軾，幾乎無人不知。蘇軾乃中國讀書人之典範，亦即士一階層，所願效法模範，懸爲行爲之準則。《宋史·蘇軾傳》曰：「挺挺大節，群臣無出其右。」雖然在世之時，受小人忌惡擠排，不能安於其位，甚至於遭陷害，被繫於御史臺獄；六十歲後，尚被遠貶至海南。可謂飽受折磨，歷盡艱難。然人之一生，爲忠、爲姦、爲君子、爲小人，未蓋棺論定，實難以確斷。白居易〈放言〉詩云：

贈君一法決狐疑。不用鑽龜與祝著。試玉要燒三日滿，辨材須待七年期。周公恐懼流言日，王莽謙恭未篡時。向使當初身便死，一生眞僞復誰知。

《宋史・蘇軾傳論》可謂對蘇軾一生蓋棺論定，《傳論》云：

器識之閎偉，議論之卓犖，文章之雄俊，政事之精明，四者皆能以特立之志爲之主，而以邁往之氣輔之，故意之所向，言足以達其有猷，行足以遂其有爲，至於禍患之來，節義足以固其有守，皆志與氣所爲也。

特立之志，即獨立意志，不爲利誘，不爲威迫，行其所當行，爲其所當爲；所謂邁往之氣，乃孟子所言「自反而縮，雖千萬人吾往矣。」之浩然正氣。蘇公〈潮州韓文公廟碑〉所云：

孟子曰：「吾善養吾浩然之氣。」是氣也，寓於尋常之中，而塞乎天地之間，卒然遇之，則王公失其貴，晉楚失其富，良平失其智，賁育失其勇，儀秦失其辯，是孰使之然哉？其必有不依形而立，不恃力而行，不隨死而亡者矣！故在天爲星辰，在地爲河嶽，幽則爲鬼神，而明則復爲人，此理之常，無足怪者。

蘇公此段議論實文文山〈正氣歌〉所自出，而《宋史·蘇軾傳論》最後數言評斷，最足以代表蘇軾一生之立身行事。《傳論》云：

或謂軾稍自韜戢，雖不獲柄用，亦當免禍。雖然，假令軾以是而易其所爲，尚得爲軾哉！

蘇軾之所以爲蘇軾，即在其不易所爲而求免禍之氣質。所以蘇軾二字，即代表中國文化所陶冶出讀書人之典範。言及蘇軾，即顯現孟子所謂「富貴不能淫，貧賤不能移，威武不能屈」大丈夫之典型。

當蘇軾首次遭姦小何正臣、舒亶、李定等誣陷，被貶謫至黃州，充當團練副使閑差之際，其友人李常賦詩以慰，言詞哀戚，情緒黯然，蘇軾作書相報曰：

吾儕雖老且窮，而道理貫心肝，忠義塡骨髓，直須談笑於死生之際。若見僕困窮，便相於邑，則與不學道者，大不相遠矣。

處此困窮之境，顚沛流離之際，所發此言，直擲地有聲，千載之下，猶見其生氣凜然，實足使貪夫廉，懦夫有立志。吾輩尙友古人，捨卻此天下第一等人，尙友何人！

蘇軾不僅氣質感人，在文學史上，亦爲才不世出之英傑。其所處時代，凡文學上具有之文體，若古文、若駢文、若詩、若詞，甚至於字、畫，幾無一不善，且創作豐盛，可謂前無古人，後無來者矣。

中國文學之分類，大略說來，不外詩、詞及文章三類，但自古以來之作者，三者向難兼善，精於文章者，每每短於詩詞，精於詩者，亦難兼善詞與文章，其精於詞者，若求兼擅文章與詩，則尤爲罕覯。本來文之與詩，詩之與詞，不僅形式體制之差別而已。此三者之風格與韻味，實有其本質上之殊異；創制技術，亦大不相同。古來雖有以作文技術以賦詩，作詩技巧以塡詞者，但決難使其三類作品，皆達第一流境界。就此而言，蘇軾確實雄視千古，睥睨百代。無論駢文抑古文，與古今大家相較，皆不遑遜讓。其古文人皆悉知，耳熟能詳，於唐宋八大家中，較之他人，絕不遜色；至其駢文，雖不若古文之彰顯，然在宋哲宗元祐元年，初任中書舍人，當制所行呂惠卿貶詞，早已風動四方，天下傳誦，作者固文辭鋒利，痛快淋漓；讀者亦感快如幷剪，振奮人心。蘇軾之詩，無論古詩、近體、短篇、歌行，無不卓絕，實李杜之後第一人。東坡於詩，實具有李白之天才，加上杜甫之功力，故處處表現出其特殊風格。吾人稍默誦其詩，名句之多，古今詩人，亦罕有其匹，就此一端，已足見其功力深厚矣。蓋所謂名句，乃得我心之同然，先我拈出，故讀其詩，於心有戚戚焉。蘇軾之詞，卓然成家，巍居第一，豪放之詞，固其絕活；婉約之作，亦纏綿悱惻，哀腕動人。

蘇軾詩文之成就，除稟賦極高之天分，及後天豐富之學識外，而余以爲，其小學造詣之深，文字、聲韻、訓詁痛下功夫，亦有以致之。邵博《聞見後錄》云：

李方叔云：東坡每出，必取聲韻、音訓、文字，複置行篋中。予謂：學者不可不知也。

東坡每出之出字，乃對入京任官而言，東坡自仁宗嘉祐二年應禮部試，中進士乙科起，至徽宗建中靖國元年卒於常州止，前後服官四十四年，而在皇都汴京任官時間，約略十年左右，其餘三十餘年，皆在外任。而每次外放，必將聲韻、文字、音訓小學類書，複置行篋中，可見其浸淫之久，用功之勤與造詣之深矣。正因爲平素注重小學，故於中國文字之形音義皆能確切掌握。猶如韓信將兵，多多益盛，作文賦詩時，遇有字不適切，即換他字，用字方面，毫無躓礙，是以作文，如行雲流水，行所當行，止所當止，無不賞心愜意，故表現於外者，乃出乎其類，拔乎其萃矣。

世人每謂從事小學研究，多斲傷創作靈感，然觀東坡之所爲，實乃大謬不然。余既從事小學研究，復又酷愛東坡詩詞，而於東坡爲人，尤爲傾倒，浩然正氣，挺挺大節，特立邁往，有爲有守。其文章詩詞，無不佳妙，跡其所以臻此高妙境界，非特無傷於小學之研究，抑且由於小學造詣之深，反大有助於文學之研究也。

曾教授棗莊，執教四川大學，錦江水碧，峨眉橫翠，鍾靈毓秀，才思曠逸。未識面前，久仰蘇學巨擘，著述宏富。迨晤面後，更一見如故，古人有傾蓋相知，君之與余，蓋不須傾，則已推心者矣。密州初遇，贈以詞云：「今朝相會喜盈眉，快飲何能辭老。」君亦以知己相許，特令以毛筆正楷書寫，君裱之於壁，時時指正，則尤具深意者也。近歲於蘇學也，膏油繼晷，兀兀窮年，手不停披，提要鉤玄，沈浸濃郁，含英咀華，閎中肆外，集其大成者矣。不僅此也，更約集大陸、臺灣、日本、韓國、美國諸地學者，共同撰述。發揚蘇學，可謂不遺餘力者矣。余既佩蘇長公之爲人，又與君相知相惜，今其書成，盼余弁言數語，亦余所樂於贊襄者也。一爲長公芳馥散於寰宇而喜，二爲曾君蘇學集其大成而樂。故雖粗陋不文，亦不免於現醜矣。是爲序。

千禧年五月十日夏曆庚辰四月初七日

陳新雄謹序於臺北市和平東路鍥不舍齋

老子校正序

昔余從先師林先生景伊遊，先生首令熟誦莊子，繼則爲余分析莊子內篇之條理，終則謂莊子之道，蓋得於老子之一端。其所以然者，則因老子世爲史官，明乎治亂興衰之由，察乎成敗得失之故。憤世俗之澆薄，故主反樸歸眞，順乎自然；感物欲之誘惑，故主絕聖棄智，而復其淡泊。以剛強之易摧，爭競之自害，故主謙虛柔弱，以長保其身，以善處此世。以道爲理，以德爲體，以常爲宗，以無爲爲本，充其極致，乃至於無所不爲。要其學術指歸，蓋由於甚明歷史之故實，而欲矯當世之大弊，故其立論，皆基於忍之一道。忍之流派不同，於是得其忍耐之途者，遂成爲老莊之學。此余初聞老莊之學於先師者也，今先師棄世十有七年，音容笑貌，猶在目前，而思之不見，則又不勝欷歔者矣。

陳君錫勇，就學華岡，從余習文字聲韻，從吾友長卿習校勘與淮南，畢業後爲余助教多年，其爲人也，善於飲酒，器量恢弘，笑語詼諧，卮言時出，睥睨一座，然終歸於善思而喜慮也。今者持其新著《老子校正》而問序於余，余觀其書，分爲四編，一曰緒論，說其述著之緣起，並述老子之大旨也；次曰論證，本書重點所在，引證古籍，以證老子本義與原文也；三曰辨正，辨正通行本之不同於王弼注本，郭店楚簡老子三編皆爲節抄。四曰附錄，檢附三編原簡影本，所以明言而有據，非浮光掠影，無的放矢之爲也。

書中考校，或排比版本，或對校文字，或音通假借，訓詁苟通，其義自顯。此則清儒休寧戴君所云：「經之至者道也，所以明道者其詞也，所以成詞者，未有能外小學文字者也。由文字以通乎語言，由語言以通乎古聖賢之心志，譬之適壇堂之必循其其階，而不可躐等。」錫勇此作，有考校以根源文字，有辨正以討論是非，有深究以追尋義旨，融詁訓與義理爲一篇，誠能循序漸進，學不躐等者矣。

抑又有言，君籍溫州，永嘉學派，最重實用，水心葉適，龍川同甫，皆根柢六經，折衷諸子，主學不致用，於世無益。所謂「功到成處，便是有德；事到濟處，便是有理。」故義理雙行，王霸並用，嗤黜空談，極論事功。延及近世，永嘉之學，傳者平陽宋恕，瑞安陳黻宸及其弟子林損，其裔及於先師林尹景伊先生，其學皆善老莊。故錫勇之窮究老子，實亦具其鄉學淵源，他人或有未知，余特爲之點出，以爲當世君子告也。永嘉之重事功，老子之求實用，其道亦一以貫之也。是以歷代君主之治世也，雖以儒術爲治，實以道術爲用，非無由也。今以余所知於錫勇者，述其所以著書之願，欲與世之讀是書者共證之。是爲序。

中華民國八十九年五月十一日歲次夏曆庚辰四月初八日

陳新雄謹序於臺北和平東路鍥不舍齋

玉篇俗字研究序

仲溫以英年棄世，其門下弟子追念恩師，整理其遺著，將次第出版，今先推出《玉篇俗字研究》，而問序於余。民國六十一年，余方任中國文化學院中文系主任，仲溫即於斯時考入文化學院就讀，余以爲大一學生初入中文系，於系中一切均感茫然，可謂萬緒千頭，不知從何讀起。蓋習慣中學教法，不知大學讀書，與中學有何異同，中文系之主要任務爲何？目的何在？學習範圍如何？該從何處著手？如何開始？連串問題，亟須人指導，指點迷津，以解除迷惑，而引起興趣。在我主持中國文化學院中文系系務時，曾經親自擔任「讀書指導」課程，諸生學習情緒高昂，沈浸其中，不以爲苦，仲溫在其班中，成績最爲優異，令余印象深刻，因余平素上課，從不點名，只知其姓名，而仍未知其人也。

仲溫四年級時，余方遊美歸來，任其訓詁學，仲溫依然成績優異，而余仍不識其人也。迨謝師宴時，仲溫前來敬酒，並自我介紹爲仲溫，並謂已考取政大中文研究所，欲從余寫論文，盼余能接受，余因相告，從余撰寫論文，余要求極爲嚴格，要能吃苦，方可接受。仲溫毅然曰，極願吃苦，但求指導。余因而要求是年暑假，先背誦《昭明文選》，且須吟誦。自《文選·三十七卷·孔文舉薦禰衡表》起，每週背誦一篇，其法由我先吟誦全文，仲溫錄音，然後攜回自行練習，如斯兩載，前後背誦數十篇，仲溫吟誦，頗有韻味。聞道近年已能將吟誦方法，傳諸其徒，聞訊大慰，人每譽之爲余高足，實在余亦自以其爲高徒也。

方仲溫之研讀於政大中文研究所也，一時師長，咸目優異，故以《韻鏡研究》獲得碩士學位後，即順利考取博士班深造，三年期滿，即以《類篇研究》一文而榮獲博士學位。以三年而得博士學位，人或以爲快，然余知其非快，蓋以己之一年，充人之兩年也。「人一能之己十之」之精神，仲溫有焉。猶憶批閱其博士論文之際，遇有問題，雖淩晨二時，電話相呼，即躍身而起，次日必當面承教，返後修改，既勤於研究，復勇於改進，故論文口試，乃獲評優等。

畢業之後，應聘靜宜女子學院中文系任聲韻學講席，舉辦第一屆國際中國聲韻學學術研討會，顯現卓越辦事能力，大會事務，有條不紊，與會學人，異口交稱。東吳大學、中山大學聞之，先後下聘，不數年間，聲譽日隆。方其就聘於大學也，欲余親書教誨，以時策勵。余因賦詩一首相勉，詩云：

十年壇坫誨諄諄。喜汝知津可出塵。兒女所承爲骨血，生徒相繼乃精神。先賢學術誰堪續，後世青藍孰代新。風雨雞鳴休自已，師門薪火望傳人。

仲溫將此詩張之壁上，拳拳服膺，數年以來，表現益佳，傳道授業，薪火益盛，仙子灣前，蔚成槐市，鯤鯓南域，響叩洪鐘。自接系務以來，猶自競競不息，學術交流，無役不與，弟子隨從，氣勢漸壯。海峽對岸，固已譽滿，歷經三峽，尋歐蘇之風流；論學武漢，紹章黃之墜緒。北走燕京，南暨五羊，西抵昆明，東極丹東。大陸學人，咸相稱譽，今聞仙去，莫不惋惜。非僅此也，更北聯日本，以姊妹而相親；南達獅城，因同文以自喜。學術宏揚，屈指有日，天不假年，殊爲慨歎也。

仲溫治學，孜孜不倦，專門著述，已有《韻鏡研究》、《類篇研究》、《文字學》等多種。仲溫參加學術會議既勤，積稿遂豐，門下弟子，發揚師學，將爲之整理出版，此《玉篇俗字研究》者，蓋其一也。《玉篇》一書，乃梁顧野王爲增益《說文》，用通行楷體編寫，爲我國以楷書爲正體之第一部字書，其異體字或附於正文之下，或列於注內。實則所謂異體字，即今人所謂俗字者也。昔本師潘石禪（重規）先生嘗督導門人，爲作《玉篇索引》，一檢索引，諸字異體，粲列目前，異體整理，裨益已大。今仲溫更督導門下諸生黃靜吟、楊素姿、戴俊芬、陳梅香、林雅婷、謝佩慈等進行徹底整理，積成鉅帙。其書共分五章：首章緒論，於《玉篇》書名之考索，於撰述之淵源，增字之始末，重修之經過，皆元元本本，叙述無遺。次章言《玉篇》俗字之名義與體例，於俗字之名義，釐分為相對性、民間性、淺近性、時代性四類，並界定俗字範圍，確立俗字體例。三章為《玉篇》俗字孳乳探析，於俗字之孳乳，細分五類：曰簡省、曰增繁、曰遞換、曰訛變、曰複生。分析得理，一覽識義。四章為《玉篇》與唐宋字書俗字比較。所比較之書有《玉篇》殘卷、《干祿字書》、《廣韻》、《類篇》等，則於俗字之研究，更超乎《玉篇》之外，駸駸乎及於俗字之全體矣。五章結論，提出總結性之論斷。提出趨簡為俗字衍化主流，增遞乃俗字音義強化，形音義之相近則俗字孳乳之依憑，古文字爲俗字形成之始源，漢隸爲俗字發展之關鍵，假借亦俗字生成之緣由，語言變遷爲俗字聲符異動之緣由，錯雜乃俗字衍生之關係。所言皆有依據，合於俗字產生之原理，較之石師索引，可謂青出於藍。確經細加分析，非同浮光掠影，望形而定者也。仲溫身故之後，其弟子何生昆益，亦參與整理，且屢求余爲其師遺著寫序，情意懇切。仲溫得生徒如此，能繼志成事，斯爲不朽矣。今以余所知於仲溫者，縷覼書之，以爲天下讀斯書者告，斯爲序。

中華民國八十九年五月十四日

陳新雄伯元甫序於臺北市和平東路鍥不舍齋

反訓研究序

訓詁之學，最盛於清世，蓋清初諸大師，心眷故國，悲其淪胥，欲矯前代空疏之弊，而思通經致用之學。蓋欲習六藝之文，以考百王之典，以綜當代之務，而明後學之弊，皆莫若研求訓詁以明經。通經首在得義，得義莫先於訓詁也。戴震嘗云：「經之至者道也，所以明道者其詞也，所以成詞者，未能外乎小學文字者也。由文字以通乎語言，由語言以通乎古聖賢之心志，譬之適堂壇必循其階，而不可躐等。」訓詁一科，綜合音義，以爲解釋，凡與中國文字與古書典籍有關之學術研究，於其他科目不便討論者，皆可於訓詁範疇以尋究之者也。是則所謂訓詁者，非僅語言文字之專門學科，實凡與中國典籍有關之學科，舉凡學術思想，文學欣賞，歷史文化，甚至於巫醫佛道之書，欲求其正解，皆宜略通訓詁者也。

訓詁方式，有所謂反訓者，其義相反爲訓也。淵源於郭璞之注《爾雅》，然歷來學者，以爲義反爲訓，事屬疑似。篤信之者，固代有其人，非議之者，爲數亦夥。義之相反，何以爲訓？推跡其故，或謂義本相因，引申相反；或謂由於假借，訓義相反；或謂義之同異，多從聲變；或謂語言變遷，正反義異。此測其因，尙難尋根。故爾疑之者，條舉五事，證反訓之無據，若齊氏佩瑢，蓋其人也；其信之者，挈綱十三，證反訓之有因，則徐氏世榮，又其人也。不管贊成與否，古籍之中，確有反訓現象存在，所謂反訓，即一字之常用詞義，用一相反之常用詞義以相訓者，即可稱爲反訓。

若《論語》「余有亂臣十人。」亂之常用詞義，訓爲混亂，混亂即爲不治，而今詁之爲治，即爲亂之反義常用詞相訓，故謂之反訓也。

葉君鍵得，好小學訓詁之學，沈浸反訓之研究，歷有年數，博觀群籍，廣搜新著，爬羅剔抉，去其叢脞，約其精華，今撰成《反訓研究》一書，余觀其書，釐爲八章。首爲緒論，以爲反訓研究乃訓詁學中之重要內函。並論及反訓研究之範疇，研究之要領，研究之現況。次章反訓之名稱與界說，言及反訓之名稱諸家定義，巨細靡遺，可稱完備。三章言反訓之萌芽，總結郭璞與反訓之關聯。四章言反訓觀念之演進與確立。五章爲反訓之成因，列舉歷來學者之言，結其成因有五。六章反訓類型，引徐世榮十有三類而論述之，而以爲尙有可參。七章相關問題討論，舉外語有反訓，唐詩有反訓，現代語兼正反則非反訓，辯證法與反訓，以爲將矛盾與對立雙方各造一詞，而矛盾對立之雙方，含括同一詞語中，乃形成所謂反訓。八章總結。以爲反訓爲古漢語訓釋之現象，非訓詁之方法與原則。洋洋灑灑，架構八章，可謂勤矣，近世言反訓之書，當無有逾越於此者矣。余喜其孜孜不息，搜羅豐碩，故樂爲之序，至其得失是非，讀者覽焉，必可自得也。

中華民國八十九年五月十五日歲次庚辰四月十二日

陳新雄序於臺北市鍥不舍齋